NOUVELLE

GÉOGRAPHIE

PARIS. — IMPRIMERIE DE E. MARTINET, RUE MIGNON, 2.

NOUVELLE
GÉOGRAPHIE

RÉDIGÉE CONFORMÉMENT AU PROGRAMME DES ÉCOLES COMMUNALES
DU DÉPARTEMENT DE LA SEINE

N° 2.

NOTIONS SOMMAIRES SUR LES CINQ PARTIES DU MONDE
ET SUR L'EUROPE EN PARTICULIER

(COURS MOYEN DE L'ENSEIGNEMENT PRIMAIRE)

PAR

E. CORTAMBERT

Vice-président de la Société de géographie
Bibliothécaire de la section géographique de la Bibliothèque nationale.

PARIS
LIBRAIRIE HACHETTE & Cie
BOULEVARD SAINT-GERMAIN, 79
1872

TABLE DES MATIÈRES

NOUVELLE
GÉOGRAPHIE

COSMOGRAPHIE ÉLÉMENTAIRE

I

FORME ET MOUVEMENT DE LA TERRE.

La *géographie* est la description de la Terre.

La **Terre** est ronde; ce qui le prouve, c'est que, par dessus les grandes plaines ou les grandes étendues d'eau, on ne

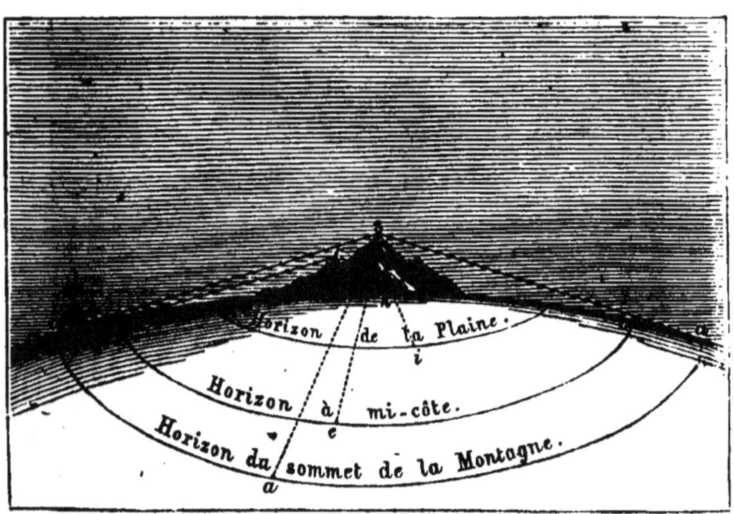

Horizon.

peut voir que le haut des édifices, des montagnes ou des navires très-éloignés : notre vue est limitée de tous côtés sur la Terre; cette limite forme un grand cercle autour de nous, et s'appelle *horizon*.

Les montagnes n'empêchent pas la Terre d'être ronde, parce qu'elles ne sont rien comparativement à sa grosseur : la Terre, en effet, a 40 000 kilomètres de tour ou environ 13 000 kilomètres d'épaisseur, tandis que les plus hautes montagnes n'ont que 8 à 9 kilomètres d'élévation.

La Terre tourne sur elle-même; elle fait ainsi passer devant le Soleil successivement tous les points de sa surface : voilà pourquoi nous avons tour à tour le *jour* et la *nuit*, le *matin* et le *soir*, *midi* et *minuit*, enfin toutes les différentes heures.

La Terre fait un tour sur elle-même en vingt-quatre heures.

Elle tourne en même temps autour du Soleil; elle fait un tour entier autour de cet astre dans l'espace d'une année.

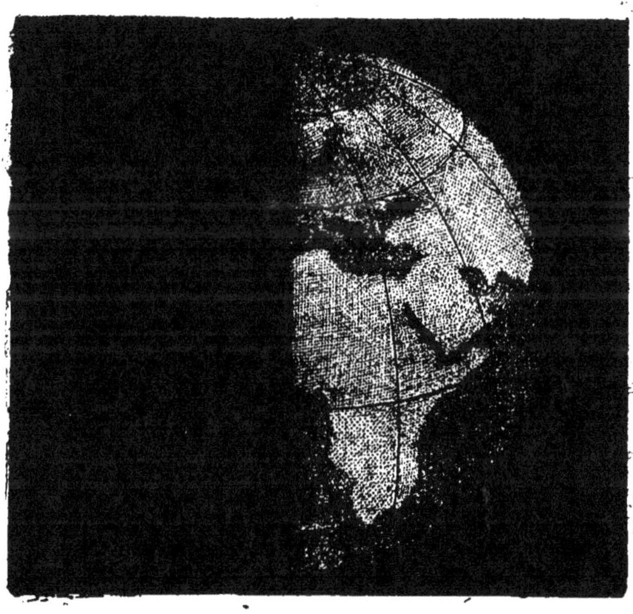

Mouvement de la Terre sur elle-même.

Par ce mouvement, elle parcourt 900 millions de kilomètres par an, ou 31 kilomètres par seconde. On ne se figure pas d'abord qu'on puisse être transporté dans l'espace si rapidement, sans le sentir ; et voilà pourquoi on croit volontiers que ce sont les astres qui tournent autour de nous.

On éprouve alors une illusion, comme lorsqu'on est sur un bateau, ou dans une voiture bien suspendue roulant sur le gazon ou sur le sable fin : on dirait que les objets du voisinage passent à côté de nous et s'enfuient; ils sont immobiles cependant. Si nous oublions alors notre propre mouvement, il est bien naturel aussi que nous ne sentions pas celui de la Terre : car c'est une voiture admirablement suspendue, et les voyageurs n'y sont avertis de leur marche par aucun obstacle, par aucune secousse.

La Lune tourne autour de la Terre dans l'espace d'un *mois*. Elle fait douze fois sa révolution autour de la Terre dans une année.

II

ROSE DES VENTS, AXE, PÔLES, CERCLES GÉOGRAPHIQUES.

Le côté de l'horizon où le Soleil semble se lever s'appelle *est*, *levant* ou *orient* ; — celui où il semble se coucher est l'*ouest*, *couchant* ou *occident* ; — le *sud* ou *midi*, appelé aussi point *austral* ou *méridional*, est dans la direction où nous voyons le Soleil à midi; — le *nord* ou *septentrion*, nommé aussi point *boréal* ou *septentrional*, est à l'opposé,

Grande Ourse et Petite Ourse.

et se reconnaît par les groupes d'étoiles de la *Grande Ourse* et de la *Petite Ourse*, situés de ce côté. — Ce sont les quatre *points cardinaux*. On les désigne ordinairement par ces abréviations : N., S., E., O.

Il y a quatre *points collatéraux* : le *nord-est*, entre le nord et l'est; — le *nord-ouest*, entre le nord et l'ouest; —

le *sud-est*, entre le sud et l'est ; — le *sud-ouest*, entre le sud et l'ouest.

Les points cardinaux et les points collatéraux forment ce qu'on appelle la *rose des vents*.

Points cardinaux.

Il est très-utile de savoir retrouver les points cardinaux et collatéraux, c'est-à-dire s'*orienter*. Pendant le jour, il est facile de le faire au moyen du Soleil, qu'on voit à l'est à six heures du matin, au sud à midi, et à l'ouest à six heures du soir.

Le Soleil se trouve au sud-est à neuf heures du matin. Il est au sud-ouest à trois heures du soir.

La nuit, on peut avoir recours à l'étoile Polaire, située au nord, dans la Petite Ourse.

On se sert aussi de la *boussole*, petit instrument dont la pièce principale est une aiguille d'acier aimanté ; suspendue sur un pivot, où elle puisse tourner librement, cette aiguille a la propriété de diriger une de ses pointes au nord et l'autre au sud.

Sur les dessins nommés *cartes*, qui représentent la Terre ou quelques-unes de ses parties, on a coutume de placer le ord en haut et le sud en bas, l'est à droite et l'ouest à gauche,

La ligne imaginaire sur laquelle la Terre fait son mouvement sur elle-même, et qu'on peut comparer à l'essieu d'une roue, s'appelle *axe.*

Les deux extrémités de l'axe sont les *pôles :* l'un est le *pôle nord;* l'autre, le *pôle sud.*

On nomme *équateur* ou *ligne équinoxiale* un grand cercle qui se trouve à égale distance des deux pôles, et qui divise la Terre en deux demi-boules ou *hémisphères.* Ce cercle est dans la partie la plus chaude de la Terre, car c'est sur cette partie que le Soleil darde directement ses rayons.

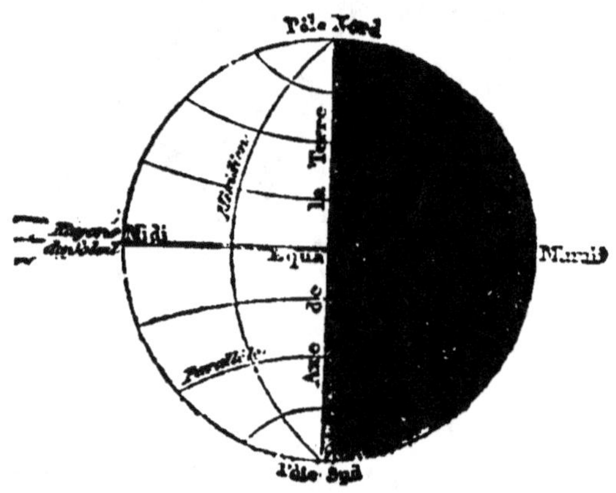

Axe, pôles, équateur, méridiens, parallèles.

A mesure qu'on s'éloigne de l'équateur et qu'on s'avance vers le pôle nord ou vers le pôle sud, il fait de plus en plus froid.

Un *méridien* est un autre grand cercle qui coupe l'équateur perpendiculairement, et partage le globe en deux hémisphères : *l'hémisphère oriental* et *l'hémisphère occidental.*

Tous les points qui ont midi en même temps sont sous le même méridien.

Or, comme la Terre tourne de l'ouest à l'est, tous les endroits placés à l'est ou à l'ouest les uns des autres, passant devant le Soleil les uns avant les autres, ont des méridiens différents; ainsi le nombre des méridiens est infini.

Les *parallèles* sont des cercles plus petits que les précédents et parallèles à l'équateur. Le nombre de ces cercles est également infini. Mais il y en a quatre qu'on distingue par des noms particuliers : deux de ces parallèles sont les *tropiques du Cancer* et *du Capricorne*, le premier au nord et le second au sud de l'équateur ; les deux autres sont les *cercles polaires*

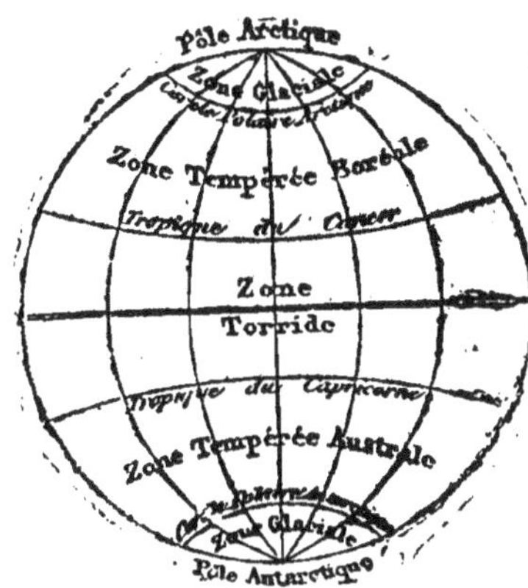

Zones. — Tropiques.

arctique et *antarctique*. Ces quatre parallèles divisent la Terre en cinq grandes *zones* de température : la *zone torride* (ou brûlée), entre les deux tropiques ; les *zones tempérées boréale et australe*, entre les tropiques et les cercles polaires ; les *zones glaciales arctique* et *antarctique*, au delà des cercles polaires.

III

LATITUDE ET LONGITUDE. — GLOBE TERRESTRE, CARTES GÉOGRAPHIQUES, MESURES ITINÉRAIRES.

Latitude, longitude. — Une des choses les plus importantes en géographie, c'est de savoir à quelle distance un lieu se trouve de l'équateur. On n'a pas coutume d'indiquer cette distance en lieues ni en kilomètres, mais en *degrés, minutes* et *secondes*. Or, la circonférence entière du globe est de 360 degrés ; un degré comprend 60 minutes, et une minute se divise en 60 secondes.

On dira donc que tel lieu est à tant de degrés, minutes et secondes de l'équateur ; mais, au lieu de s'énoncer ainsi, on dit plus ordinairement qu'il est à tant de degrés, minutes et secondes de *latitude*. Voici pourquoi on s'exprime de cette manière :

Les régions connues des anciens formaient une étendue plus grande de l'est à l'ouest que du nord-au sud; par conséquent, la *largeur* ou la *latitude* [1] de cet espace s'étendait du du nord au sud, tandis que sa *longueur* ou *longitude* [2] était dans le sens de l'ouest à l'est; car on désigne la plus grande étendue d'une surface par le mot *longueur*, et la moindre par le mot *largeur*. On conserve encore aujourd'hui ces expressions, appliquées aux dimensions de la surface de la Terre, et l'on continue à appeler *latitude* la dimension de la Terre du N. au S. ou du S. au N., et *longitude* la dimension de l'O. à l'E. ou de l'E. à l'O.

L'équateur divise la latitude en deux parties : la *latitude nord* ou *septentrionale*, et la *latitude sud* ou *méridionale*.

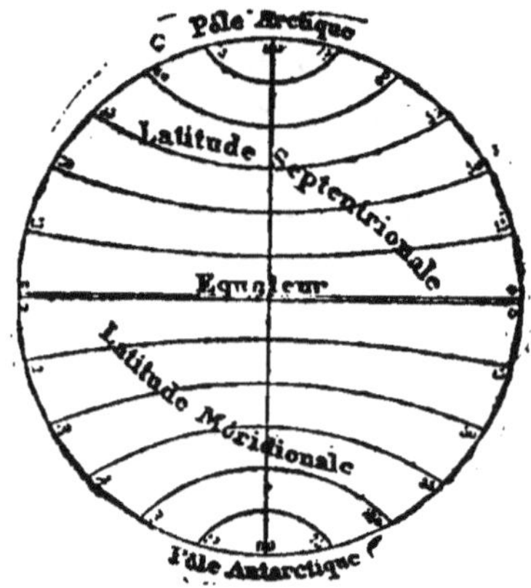

Latitude.

Chacune de ces deux latitudes s'étend depuis l'équateur jusqu'à l'un des pôles, et embrasse 90 degrés.

Mais, si l'on dit seulement qu'un lieu est à tant de degrés de latitude, par exemple à 45 degrés de latitude nord, on n'aura pas encore une idée bien précise de sa situation sur le

1. Ces deux mots signifient la même chose. *Latitude* vient d'un mot latin qui veut dire *largeur*.
2. *Longitude* signifie *longueur*.

globe; car on ne saura pas sur quel point de tout le 45° parallèle il faudra le chercher.

On a donc senti la nécessité de rattacher en même temps la position des lieux à un grand cercle dirigé dans un sens perpendiculaire à celui de l'équateur; on a choisi pour cela un des nombreux méridiens qui coupent le globe du nord au sud, et l'on a rapporté à ce cercle, désigné sous le nom de *premier méridien*, la situation des différents points. Ainsi. on dira que tel lieu est à tant de degrés à l'est et à l'ouest du premier méridien.

Nous supposions tout à l'heure un lieu situé à 45 degrés de latitude nord; si l'on ajoute qu'il se trouve à 30 degrés, par exemple, à l'est du premier méridien, on aura tout de suite une idée précise de sa situation sur la Terre.

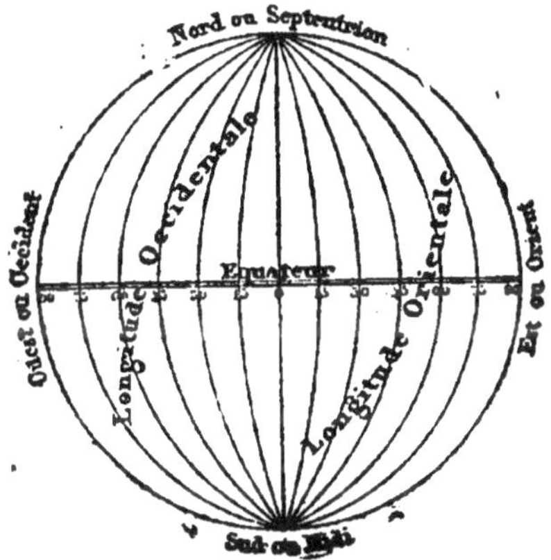

Longitude.

Or, ce méridien divise la longitude en deux parties, dont l'une est la *longitude est* ou *orientale*, et l'autre la *longitude ouest* ou *occidentale :* on peut donc dire que tel lieu est à tant de degrés de longitude est ou de longitude ouest, au lieu dire qu'il est à tant de degrés à l'est ou à l'ouest du premier méridien.

Chacune des deux divisions de la longitude comprend 180 degrés, parce qu'elle embrasse la moitié de la circonférence du globe.

Comme tous les méridiens sont exactement de même étendue, et qu'ils paraissent tous d'une importance égale, les différentes nations ne s'accordent pas sur le choix de ce cercle. Les Français le font passer par Paris.

Globe, cartes, mesures itinéraires. — La manière la plus exacte de représenter la Terre est de la reproduire par un *globe* artificiel.

Mais, pour donner plus facilement les détails nécessaires, on a recours à des dessins sur le papier, c'est-à-dire aux *cartes*.

On appelle *mappemonde* ou *planisphère* une carte qui représente tout le globe terrestre.

Tantôt cette carte reproduit la forme ronde de la Terre, et elle en montre séparément les deux hémisphères, parce qu'il est impossible de voir sur le papier le globe tout entier tel qu'il est naturellement. Sur cette carte, les degrés de latitude sont marqués

Globe terrestre.

tout autour de chaque hémisphère, à l'extrémité des parallèles, et les degrés de longitude sont indiqués sur l'équateur à chaque méridien tracé.

Mappemonde.

Quelquefois on ne cherche pas à rendre la rondeur de la Terre : dans ce cas, on se figure que la surface a été enlevée au globe et qu'on l'a étendue et aplatie sur le papier ; alors la carte est carrée, et l'on n'a pas besoin de faire deux hémisphères séparés. C'est cette sorte de mappemonde qui s'appelle spécialement planisphère. Les degrés de latitude y sont marqués à droite et à gauche, toujours à l'extrémité des parallèles ; les degrés de longitude sont placés en haut et en bas à l'extrémité des méridiens. Il en est de même dans les cartes qui servent à représenter seulement un pays.

On est convenu de diviser tout corps circulaire en 360 degrés. La Terre a donc 360 degrés de tour. Cette circonférence équivaut à 9000 lieues ou 40 000 kilomètres.

Chacun des 360 degrés, pris sur l'équateur ou sur un méridien, renferme 25 lieues communes de France ou 111 kilomètres et un dixième, ou 11 myriamètres et un dixième ; ce sont nos *mesures itinéraires* les plus usitées.

A côté de la carte, on trace ordinairement une ligne nommée *échelle*, divisée en lieues, en kilomètres ou en toute autre mesure itinéraire, et au moyen de laquelle on peut évaluer la distance d'un lieu à un autre.

Une échelle est dite au 5000ᵉ, au 10 000ᵉ, au 100 000ᵉ, etc., suivant que le dessin est 5000 fois, ou 10 000 fois, ou 100 000 fois, etc., plus petit que le terrain qu'elle représente. Quand la carte est plus grande que le 10 000ᵉ, elle peut prendre le nom de *plan*, comme on le voit dans l'exemple ci-dessous, qui donne les environs d'une école à peu près à l'échelle du 2000ᵉ.

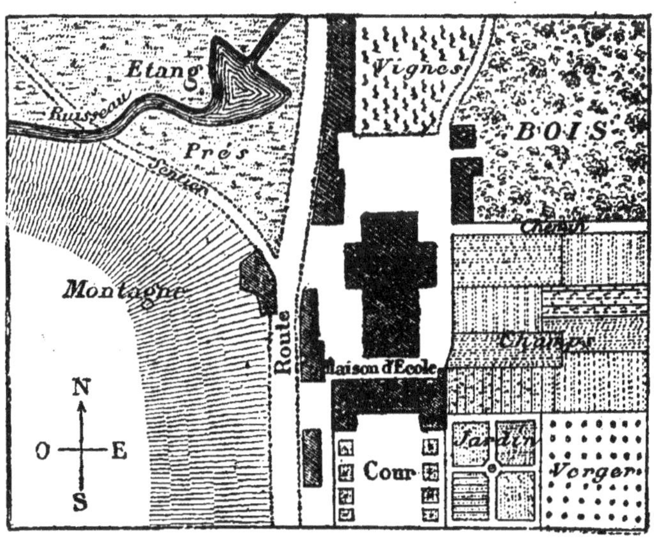

Environs de l'école.

TERMES GÉOGRAPHIQUES

IV

DÉFINITION DES TERMES DE LA GÉOGRAPHIE PHYSIQUE ET POLITIQUE.

La géographie se divise en deux grandes parties : la *géographie physique*, qui décrit ce que la *nature* a produit, et la *géographie politique*, qui embrasse les divisions que les hommes ont établies, les habitations qu'ils ont fondées.

Voici les termes qui s'appliquent à ces deux sortes de géographie.

Géographie physique. — La surface de la Terre est divisée en *terres* et en *eaux*.

Les terres occupent bien moins de place que les eaux sur cette surface ; elles forment deux grands espaces principaux, appelés *continents*. Le plus grand, nommé *Ancien continent*, s'étend du N. E. au S. O. ; il comprend trois parties du monde : l'*Europe*, au N. O. ; l'*Asie*, à l'E., et l'*Afrique*, au S. O. L'autre, qui est le *Nouveau continent*, s'allonge du N. au S. ; il compose l'*Amérique*, qui est la quatrième partie du monde. Un *troisième continent*, moins considérable que les deux autres, et situé au S. E. de l'ancien, dans l'hémisphère austral, s'appelle *Australie* ou *Nouvelle-Hollande*.

Il y a d'autres espaces de terre bien moins grands, entourés de tous côtés par les eaux : ce sont des *îles*.

On donne le nom d'*îlots* aux îles les plus petites.

Lorsque les îles sont rapprochées les unes des autres, elles composent des *groupes* et des *archipels*.

La partie du globe où l'on trouve le plus d'îles est au S. E.

de l'Asie, dans le grand Océan ; les îles de cette région et l'Australie composent une cinquième partie du monde, nommée *Océanie*.

Il y a donc cinq parties du monde : l'*Europe*, l'*Asie*, l'*Afrique*, l'*Amérique* et l'*Océanie* ; — et trois continents : l'*Ancien*, le *Nouveau* et l'*Austral*.

En rattachant aux continents les îles qui les avoisinent, on distribue toutes les terres en trois *mondes* : 1° l'*Ancien monde*, qui comprend l'ancien continent et les terres qui l'entourent ; 2° le *Nouveau monde*, qui renferme le nouveau continent et les îles environnantes ; 3° le *monde Maritime*, qui se compose de l'Océanie.

On appelle *contrée, région* ou *pays*, une certaine étendue de terre.

Des portions de terre entourées d'eau presque de tous côtés s'appellent *péninsules* ou *presqu'îles*, car ce sont presque des îles.

Un *isthme* est un espace étroit par lequel deux portions de terre sont jointes l'une à l'autre.

Les *côtes* sont les bords des continents et des îles. Quand elles sont hautes et escarpées, elles s'appellent *falaises ;* si elles sont basses, elles forment des *plages*, des *grèves*.

Les petits avancements des côtes sont les *promontoires*, les *caps* et les *pointes*.

L'ensemble des eaux répandues sur la Terre forme une grande masse qu'on appelle la *mer*, et qui occupe environ les deux tiers de la surface du globe.

La partie la plus vaste de la mer est l'*Océan*.

On divise l'Océan en cinq parties :

1° L'*océan Atlantique*, à l'O. de l'ancien continent et à l'E. du nouveau ; — 2° le *grand Océan*, ou l'*océan Pacifique*, à l'E. de l'ancien continent et de l'Australie, et à l'O. de l'Amérique ; — 3° l'*océan Indien*, au S. de l'Asie, à l'E. de l'Afrique et à l'O. de l'Australie ; — 4° l'*océan Glacial arctique*, dans la partie la plus boréale du globe ;—5° l'*océan Glacial antarctique*, dans la partie la plus australe.

Une *mer* est une partie de l'Océan qui pénètre dans l'intérieur des terres : telle est la *Méditerranée*, formée par l'océan Atlantique, et placée entre l'Europe, l'Afrique et l'Asie.

Les *golfes* et les *baies* sont des enfoncements moins étendus que les mers.

Carte.

Les *anses* sont moins grandes que les baies.

Les *rades*, les *ports* et les *havres* sont encore plus petits. Ces enfoncements sont ordinairement propres à servir de refuge aux vaisseaux.

Les *détroits* sont des espaces de mer resserrés entre deux parties de terre. Quelquefois on les appelle *canaux*.

Les grands amas d'eau placés au milieu des terres sont des *lacs*. Il y en a d'assez considérables pour porter le nom de *mers* : telle est la mer *Caspienne*, au milieu de l'ancien continent.

Les amas d'eau peu profonds situés dans les terres sont des *marais*.

Les *lagunes* sont des espèces de lacs placés près des côtes et communiquant avec la mer. On les nomme quelquefois *étangs*.

Il existe souvent dans la mer des rochers dangereux pour les navigateurs : on les appelle *écueils*, *récifs* ou *brisants*.

Il s'y trouve aussi des espaces sablonneux, qui sont également fort dangereux pour les vaisseaux, et qu'on appelle *bancs de sable*.

Les vents qui soufflent sur la mer et les lacs y produisent des élévations mobiles qu'on appelle *vagues*, *ondes*, *lames et flots*.

Il y a, dans la mer, des *courants*, qui portent les eaux dans de certaines directions.

Par l'effet de l'attraction de la Lune et du Soleil, les eaux de la mer s'élèvent et s'abaissent tour à tour deux fois par jour : c'est ce qu'on appelle les *marées*.

La marée montante prend le nom de *flux*, et la marée descendante, celui de *reflux*.

Les *plaines* sont de grands espaces de terrain plat.

On nomme *déserts* de grands espaces inhabités : ordinairement ce sont des plaines arides ; quelquefois cependant ils sont couverts de hautes herbes, et s'appellent alors *savanes*. Les petits déserts qu'on voit en France se nomment *landes*.

On appelle *oasis* les petits espaces fertiles qui se trouvent dans les déserts arides.

Les *monts* et les *montagnes* sont de grandes hauteurs ; les *collines* et les *monticules* sont moins élevés. On appelle ordinairement *côte* ou *coteau* le penchant d'une montagne ou d'une colline ; quelquefois on nomme *côte* une montagne ou une colline tout entière.

Le *pied* est la partie la plus basse d'une montagne. Le *sommet* en est le point le plus élevé ; quand il est pointu, il se nomme *pic* ou *aiguille*.

Une *chaîne de montagnes* est formée de plusieurs montagnes jointes les unes aux autres.

On nomme *plateaux* de larges territoires considérablement

élevés au-dessus des pays voisins ; tantôt ils sont plats, tantôt
ils sont surmontés ou entourés de montagnes. On nomme

Éruption d'un volcan (le Vésuve).

encore *plateaux* de petites plaines qui forment les sommets
de certaines montagnes.

Les penchants d'une montagne ou d'une chaîne de montagnes s'appellent *pentes*, *revers* ou *versants*.

Les *volcans* sont des montagnes qui présentent de grandes ouvertures nommées *cratères*, d'où sortent des flammes, de la fumée et des minéraux fondus.

Les *tremblements de terre* sont de terribles phénomènes pendant lesquels le sol s'agite violemment.

On voit, par les éruptions des volcans et par les tremblements de terre, que le globe est très-chaud intérieurement : ils sont produits par les gaz de l'intérieur qui cherchent à s'échapper.

Un *défilé* est un passage étroit entre deux sommets de montagnes, ou entre une montagne et une mer. On nomme spécialement *cols*, les défilés entre deux montagnes.

Les *vallées* et les *vallons* sont des espaces profonds qui se trouvent entre deux montagnes ou entre deux chaînes de montagnes.

Les sommets des plus hautes montagnes sont généralement couverts de neiges et de glaces continuelles : les amas de glace qui s'étendent sur les pentes de beaucoup de montagnes sont appelés *glaciers*.

Les *avalanches* sont des masses de neige qui se précipitent du haut des montagnes.

Les *cavernes* ou *grottes* sont des profondeurs qui se trouvent ordinairement dans les rochers des montagnes.

Une réunion d'arbres forme un *bois* ; une *forêt* est plus considérable qu'un bois.

Un *fleuve* est un grand cours d'eau qui se jette dans la mer.

Une *rivière* est un cours d'eau qui perd son nom en se joignant à un autre ; cependant, quand un cours d'eau qui se rend directement dans la mer n'est pas considérable, il s'appelle aussi *rivière*.

Un *ruisseau* est un petit cours d'eau.

Les *torrents* sont des cours d'eau très-rapides et qui, ordinairement, n'existent qu'à certaines époques de l'année, au moment des grandes pluies ou de la fonte des neiges.

La *source* d'un cours d'eau est l'endroit où il commence ; son *embouchure* est l'endroit où il se jette dans la mer. Plusieurs embouchures s'appellent aussi *bouches*. Le territoire compris entre la mer et les branches d'un fleuve à plusieurs embouchures se nomme *delta*.

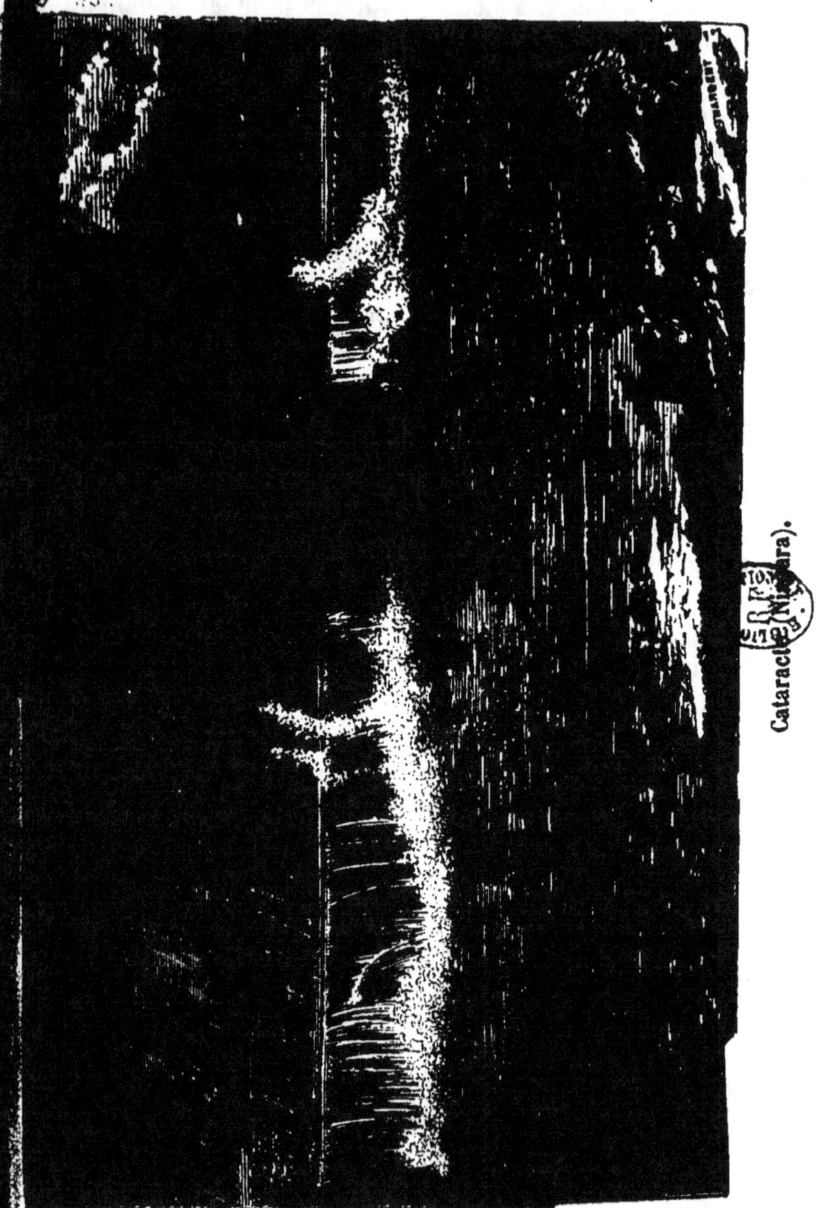

L'endroit où deux cours d'eau se réunissent est un *confluent*.

Les *affluents* d'un cours d'eau sont les divers cours d'eau qu'il reçoit.

Les deux rives d'un cours d'eau s'appellent *rive droite* et *rive gauche*. Pour les reconnaître, il faut se figurer que le cours d'eau est une personne qui descend vers l'endroit où il se termine ; la rive droite est à la droite de cette personne, la rive gauche à sa gauche.

Le *bassin d'un fleuve* est le territoire arrosé par ce fleuve et par ses affluents.

Le *bassin d'une mer* est l'espace qui comprend, outre cette mer elle-même, l'ensemble de tous les territoires qui y versent leurs eaux.

La partie d'un pays qui verse ses eaux dans une mer forme le *versant de cette mer* (expression abrégée pour : *versant incliné vers cette mer*).

Un *étang* est un amas d'eau formé par un ruisseau dont on arrête le courant au moyen d'une chaussée. On donne quelquefois aussi aux lagunes le nom d'*étangs*.

Une chute d'eau se nomme *cascade* ou *cataracte*. Quand elle est très-peu élevée, c'est un *rapide*.

Un *canal* est un grand fossé où l'on introduit de l'eau, principalement pour y faire circuler les bateaux et pour établir une communication d'un cours d'eau à un autre. Au moyen des écluses, on peut faire remonter ou descendre les bateaux dans un canal établi sur un terrain en pente.

Géographie politique. — Races d'hommes. — Il y a sur la Terre environ un milliard deux cents millions d'hommes ; on les divise en trois grandes races : la race *blanche* ou *caucasique*, la race *jaune* ou *mongolique*, et la race *nègre*.

La race blanche habite surtout l'Europe, l'ouest de l'Asie et le nord de l'Afrique. A mesure qu'on avance dans des contrées plus chaudes, on observe que le teint de cette race devient plus brun, sans doute à cause de l'ardeur du soleil; mais elle se reconnaît toujours à sa tête ovale, à sa bouche peu fendue, à ses cheveux fins et soyeux.

Les hommes de la race jaune habitent surtout l'est et le nord de l'Asie. Ils se font remarquer par leur visage large, leur tête à peu près ronde, leur couleur jaunâtre, leur bouche très-fendue, leur nez écrasé, leurs yeux très-longs, mais fort étroits et relevés du côté des tempes. Leurs cheveux sont noirs et roides.

Les nègres peuplent une grande partie de l'Afrique : ils ont la peau noire, le front aplati, les mâchoires très-avancées, les lèvres grosses, les dents fort longues, la bouche grande, le nez large et épaté ; ceux de l'Afrique ont les cheveux laineux et crépus. La plupart sont encore sauvages ou très-peu civilisés.

Il y a, en outre, un assez grand nombre de populations basanées, olivâtres et rougeâtres, qui se rapprochent plus ou moins des trois races précédentes.

Les hommes basanés qu'on nomme *Malais* habitent une grande partie de l'Océanie, surtout au nord-ouest.

Les indigènes de l'Amérique ont le teint rougeâtre.

Les hommes les plus civilisés forment les grandes associations qu'on appelle *peuples* ou *nations*.

Les hommes à demi civilisés ou tout à fait sauvages forment les *peuplades*, les *tribus*, les *hordes* et les *familles isolées*.

Les peuples et les nations ont des demeures fixes, c'est-à-dire des *maisons* solides, de pierre, de brique et de bois.

Les maisons sont ordinairement réunies en groupes : les plus petits groupes sont des *hameaux ;* on appelle *villages* les groupes un peu plus importants ; un *bourg* est plus considérable qu'un village ; enfin les plus grandes réunions de maisons s'appellent *villes* ou *cités*.

Les hommes à demi civilisés ou sauvages ont pour habitations des *tentes*, faites ordinairement de peaux d'animaux ; ils ont aussi des *huttes*, formées de branchages et de feuillages, ou de terre grossièrement disposée ; ils habitent quelquefois des *cavernes*.

Une grande étendue de terrain forme un *pays*, une *contrée* ou une *région*.

Un *État* est un pays soumis à un même gouvernement, et où règnent généralement les mêmes mœurs, le même langage.

Quand l'État est gouverné par un roi, c'est un *royaume ;* quand il l'est par un empereur, c'est un *empire ;* lorsqu'il est gouverné par la nation elle-même, ou plutôt par des chefs qu'elle nomme, c'est une *république*.

Quelquefois plusieurs États sont unis entre eux par certains liens de fraternité : c'est alors une *confédération*.

Les grandes divisions administratives des États sont des *provinces* (comme en Belgique, en Espagne, en Italie, autrefois en France), ou des *départements* (comme aujourd'hui en France), ou des *comtés* (comme en Angleterre), ou des *gouvernements* (comme en Russie), etc.

Les subdivisions consistent en *arrondissements* (comme en France), *districts* (en Russie), *cercles* et *bailliages* (en Allemagne), *cantons* (qui viennent, en France, immédiatement au-dessous des arrondissements), etc. — Les *communes*, ou, suivant l'expression religieuse, les *paroisses*, sont les plus petites de toutes les subdivisions.

Les hommes civilisés ont des travaux très-variés, qui se classent en trois grandes divisions : les *arts*, les *sciences* et le *commerce*.

Les hommes à demi civilisés ont pour occupation, en général, le soin des troupeaux, qu'ils conduisent de pâturage en pâturage ; ces pasteurs errants portent le nom de *nomades*.

Les hommes tout à fait sauvages ne connaissent guère que deux sortes de travaux : la *chasse* et la *pêche*.

Tous les hommes croient à l'existence d'une puissance supérieure qui gouverne le monde ; mais tous n'ont pas les mêmes idées sur cette puissance, et ne lui témoignent pas leur vénération de la même manière. Les uns adorent un seul Dieu ; ils se partagent en trois religions principales : le *christianisme*, qui règne chez les peuples les plus civilisés ; le *judaïsme* ou la religion des juifs ; le *mahométisme* ou la religion de Mahomet, appelée aussi *religion musulmane* ou *islamisme*. — Les autres adorent plusieurs dieux et sont *païens*.

V

ASIE

—

LIMITES, CLIMAT, MERS, GOLFES ET DÉTROITS.

L'Asie, qui occupe la partie orientale de l'ancien continent, est beaucoup plus grande que l'Europe ; elle s'avance bien plus loin vers le nord, et s'approche aussi bien plus de l'équateur. Il y fait très-froid au nord et très-chaud au sud.

Elle tient, vers l'O., à l'Europe et à l'Afrique par trois espaces de terre : le plus grand et le plus septentrional de ces espaces est le territoire des monts Ourals ; celui du milieu est l'isthme du Caucase, entre la mer Caspienne et la mer Noire ; le plus méridional est l'isthme de Suez, qui unit l'Asie à l'Afrique.

Partout ailleurs l'Asie est enveloppée par la mer.

Au N., elle est baignée par l'*océan Glacial arctique* ; à l'E., par le *grand Océan* ; au S., par l'*océan Indien*.

Le grand Océan forme les mers de *Beering* et du *Japon*, la mer *Jaune*, la mer de *Corée*, la mer *Bleue* et la mer de *Chine*, qui comprend les golfes de *Tonkin* et de *Siam*.

L'océan Indien forme le golfe du *Bengale*, la mer d'*Oman*, le golfe *Persique* et la mer *Rouge* ou le golfe *Arabique*.

L'océan Glacial communique avec la mer de Beering par le détroit de *Beering*, resserré entre l'extrémité N. E. de l'Asie et l'extrémité N. O. de l'Amérique.

On passe de la mer de Chine dans le golfe du Bengale par le détroit de *Malaka*.

La mer Rouge communique avec l'océan Indien par le détroit de *Bab-el-Mandeb*.

La mer *Méditerranée*, l'*Archipel*, la mer de *Marmara*, la mer *Noire* et la mer *Caspienne* forment une assez grande partie de la limite de l'Asie à l'O.

PRESQU'ÎLES, CAPS ET ÉTENDUE DE L'ASIE.

Les côtes de l'Asie sont assez irrégulières, et l'on y voit beaucoup de presqu'îles.

A l'O., est la presqu'île de l'*Asie Mineure*, située entre la Méditerranée et la mer Noire.

Au S. O., on voit la vaste presqu'île d'*Arabie*.

Au S., sont deux grandes presqu'îles : l'*Hindoustan* ou la *presqu'île occidentale de l'Inde*, et l'*Indo-Chine* ou la *presqu'île orientale de l'Inde*, qui comprend elle-même la presqu'île de *Malaka*.

A l'E., on remarque la presqu'île de *Corée* et celle de *Kamtchatka*.

Le cap le plus boréal de l'Asie est le cap *Nord-Est;* — le plus avancé à l'E. est le cap *Oriental*, sur le détroit de Beering; — le plus méridional est le cap *Bourou*, à l'extrémité de la presqu'île de Malaka; — le plus occidental est le cap *Baba*, dans l'Asie Mineure.

On remarque aussi le cap *Comorin*, à l'extrémité méridionale de l'Hindoustan.

L'Asie a 10 200 kilomètres de longueur, du N. E. au S. O., depuis le cap Oriental jusqu'au détroit de Bab-el-Mandeb; elle a 8000 kilomètres de largeur, depuis le cap Nord-Est jusqu'au cap Bourou.

ILES DE L'ASIE.

On remarque dans le grand Océan la longue chaîne des îles *Kouriles*, à la suite du Kamtchatka; l'île de *Sakhalien*, les îles du Japon, l'île *Formose* et l'île de *Haï-nan*.

Dans l'océan Indien, se trouvent les îles *Andaman* et *Nicobar;* l'île de Ceylan, une des plus belles du monde; les îles *Laquedives* et la longue chaîne des îles *Maldives*, environnées de récifs dangereux.

Dans la Méditerranée, on voit l'île de *Chypre*, près et au S. de l'Asie Mineure.

Dans l'Archipel, sont les îles *Sporades*, dont la principale est *Rhodes*.

PLATEAUX, MONTAGNES ET PLAINES DE L'ASIE.

Le sol de l'Asie est très-élevé vers le milieu : il y forme le *grand plateau central*, qui renferme de vastes plaines dé- sertes, et qui est entouré presque partout d'énormes monta- gnes. On remarque, parmi ces montagnes, les monts *Altaï*, au N., et les monts *Célestes*, à l'O. — A quelque distance au S. du plateau, sont les monts *Himalaya*, les plus hautes montagnes de la Terre.

Il faut aussi remarquer le *plateau de la Perse*.

Entre ces deux plateaux, est le *Caucase indien*.

Dans le S. de l'Hindoustan, sont les deux chaînes des *Ghattes*.

Sur la limite N. O. de l'Asie, s'étendent les monts *Ourals*.

Dans l'O., on remarque les hautes montagnes du *Liban*, du *Taurus* et du *Caucase*, et les monts *Ararat* et *Sinaï*, célèbres dans l'Histoire sainte.

Dans le nord de l'Asie, on rencontre presque partout des plaines froides et tristes.

Les plaines du S., au contraire, sont très-fertiles et très- belles.

VERSANTS ET FLEUVES DE L'ASIE.

L'Asie est partagée en six grandes divisions naturelles ; c'est-à-dire, deux plateaux : le *plateau central* et le *plateau de la Perse* ; — et quatre versants : le *versant du N.* ou de l'*océan Glacial* ; — le *versant de l'E.* ou du *grand Océan* ; — le *versant du S.* ou de l'*océan Indien* ; — le *versant de l'O.* ou des *mers intérieures* (mers Méditerranée, Noire, Caspienne et d'Aral).

On voit couler, sur le versant de l'océan Glacial : l'*Ob* ou *Obi*, l'*Iénisséi* et la *Léna*.

Sur le versant du grand Océan, l'*Amour* ou *Sakhalien-oula*, le *Hoang-ho* ou fleuve *Jaune*, le *Kiang* ou *Yang-tsé-kiang*, le *Cambodge* ou *Mè-kong*, et le *Mè-nam*.

Sur le versant de l'océan Indien : l'*Ava* ou *Iraouaddy*, le *Brahmapoutre*, le *Gange*, le *Sind* ou *Indus*, enfin le *Tigre* et l'*Euphrate*, qui se réunissent et se jettent ensemble dans le golfe Persique.

Sur le versant des mers intérieures : l'*Oural*, le *Djihoun* ou *Amou-déria* (anciennement *Oxus*) et le *Sihoun* ou *Sir-déria*.

LACS DE L'ASIE.

Les plus grands lacs de l'Asie sont la mer *Caspienne* et la mer d'*Aral*, placées sur le versant de l'O.

On remarque ensuite, sur le versant du N., le lac *Baïkal*.

Au milieu du grand plateau central, ou tout près de ce plateau, on voit le lac *Lob*, le lac *Bleu* ou *Khoukhou-noor*, et le lac *Balkhach*.

Il y a, dans l'ouest, plusieurs lacs salés : un des plus grands est le lac de *Van;* mais le plus célèbre est le lac *Asphaltite* ou la mer *Morte*, dans un bassin profond, qui ne communique avec aucune mer. Ce lac reçoit au N. le *Jourdain*.

CONTRÉES PRINCIPALES DE L'ASIE.

L'Asie comprend douze divisions principales.

Au N., est la **Sibérie** ou la **Russie asiatique orientale**, à laquelle sont joints le *Turkestan russe* et la *Mandchourie russe*. Elle s'étend depuis les monts Ourals, la mer Caspienne et la mer d'Aral jusqu'au détroit de Beering et à la mer du Japon. C'est une contrée plus grande que l'Europe ; cependant elle ne renferme que 6 millions d'habitants, à cause de son climat généralement très-froid, mais il y a des mines précieuses et beaucoup d'animaux à fourrures.

Les villes principales sont *Tobolsk* et *Irkoutsk*. Parmi les peuples qui l'habitent, on remarque les *Kirghiz* et les *Ostiaks*.

A l'O., on remarque la *Transcaucasie*, la *Turquie d'Asie*, la *Perse*, l'*Afghanistan* et le *Turkestan occidental*.

La **Transcaucasie**, ou la **Russie asiatique occidentale**, se trouve entre la mer Caspienne et la mer Noire, au S. du Caucase. La *Géorgie* est un des pays principaux qu'elle contient. La ville la plus importante est *Tiflis*.

La **Turquie d'Asie** s'étend entre la mer Noire, l'Archipel, la Méditerranée et le golfe Persique ; elle renferme plusieurs régions très-fameuses dans l'histoire : l'*Asie Mineure*, l'*Arménie*, la *Mésopotamie*, l'*Assyrie*, la *Babylonie* et la *Syrie* (dans laquelle se trouve la *Palestine* ou *Judée*).

Les villes principales sont : *Smyrne*, *Bagdad*, *Mossoul*, *Alep*, *Damas*, *Jérusalem*. — On y distingue des villes ruinées célèbres : *Troie*, *Éphèse*, *Ninive*, *Babylone*, *Palmyre*, *Tyr*, etc.

La **Perse**, qui s'appelle plus exactement **Iran**, est située entre la mer Caspienne, au N., et le golfe Persique et la mer d'Oman, au S. — TÉHÉRAN en est la capitale ; les autres villes principales sont *Ispahan* et *Chiraz*.

L'**Afghanistan**, ou royaume de **Caboul**, est compris presque entièrement dans la partie orientale du plateau de la Perse. — Il a pour capitale CABOUL, et pour autres villes principales *Candahar* et *Hérat*.

Le **Turkestan occidental**, ou **Turkestan** proprement dit, qu'on appelle aussi la **Tatarie occidentale** ou **Touran**, s'étend à l'E. de la mer Caspienne et vers la mer d'Aral. — Un des plus importants pays qui s'y trouvent est la *Boukharie*, dont les villes principales sont *Boukhara* et *Samarkand*.

Le centre et l'E. du continent asiatique sont occupés par deux divisions : l'empire *Chinois* et le *Turkestan oriental*.

L'**empire Chinois**, que ses habitants appellent l'*empire Céleste* ou l'*empire du Milieu*, est très-grand, mais moins vaste cependant que l'empire russe : c'est le pays le plus peuplé du globe ; on en évalue la population à plus de 400 millions d'habitants.

Il contient cinq contrées principales : la plus importante est la *Chine propre*, qui est baignée par le grand Océan et

Jérusalem.

qui est le cœur de l'empire, la partie où se trouve la plus nombreuse population. C'est un pays très-beau, très-industrieux, et dont la civilisation est fort ancienne. Une *grande muraille* a été élevée pour le défendre au N.; mais, malgré ce rempart, il a été conquis plusieurs fois par les peuples septentrionaux.

La capitale de la Chine est PÉ-KING, très-grande ville, qui a environ 2 millions d'habitants. Autres villes remarquables : *Nan-king*, *Sou-tcheou*, *Chang-haï*, *Canton*.

Pé-king, vu de la muraille du sud.

Les autres pays de l'empire sont : la *Mandchourie*, au N. E.; la *Corée*, à l'E.; la *Mongolie*, au N., et le *Tibet*, au S. O.

Le **Turkestan oriental**, qui a été longtemps soumis à l'empire chinois et qui forme maintenant un État indépendant, comprend un assez grand espace dans l'O. du plateau central de l'Asie. *Khotan* en est la capitale.

Près des côtes orientales de l'Asie, est le **Japon**, empire tout composé d'îles, situé à l'E. de l'empire chinois, et remarquable aussi par son industrie et sa civilisation. Ses principales îles sont *Nippon, Kiou-siou, Sikok* et *Yéso.* — La capitale est MYAKO, dans le sud de l'île de Nippon ; résidence de l'empereur, qui est en même temps souverain pontife et qui a le titre de *mikado.* Mais la plus grande ville est YÉDO, seconde capitale, sur la côte orientale de la même île ; c'était la résidence du vice-roi ou *taïcoun*, qui n'a plus de pouvoir.

Nagasaki, dans l'île de Kiou-siou, a été longtemps le seul port ouvert aux étrangers, et les seuls étrangers admis étaient les Chinois et les Hollandais ; mais on a ouvert d'autres ports, et les Américains, ensuite les Français, les Anglais, etc., ont aussi acquis le droit de commercer au Japon.

Dans le sud de l'Asie, se trouvent quatre contrées : l'*Indo-Chine*, l'*Hindoustan*, le *Béloutchistan* et l'*Arabie.*

L'**Indo-Chine**, ou la **presqu'île orientale de l'Inde**, située entre la mer de Chine et le golfe du Bengale, est partagée entre plusieurs nations.

Les **Anglais** en ont une partie, à l'O. et au S., et leurs villes principales y sont *Pégou, Rangoun, Singapour* (dans une petite île de même nom).

On remarque ensuite l'empire **Birman**, dont la capitale est MANDALÉ.

Le royaume de **Siam**, dont la capitale est BANGKOK.

L'empire d'**Annam**, capitale HUÉ, située dans la *Cochinchine* proprement dite.

La **Basse-Cochinchine**, possession française ; capitale SAÏGON.

Le royaume de **Cambodge**, qui reconnaît la suzeraineté de la France ; capitale PENOMPING.

Enfin plusieurs petits États dans la presqu'île de **Malaka**.

L'**Hindoustan**, ou la **presqu'île occidentale de l'Inde**, ou simplement l'**Inde**, s'étend entre le golfe du Bengale, la mer d'Oman et les monts Himalaya : c'est une contrée très-riche et très-peuplée, dont la civilisation remonte à une haute antiquité.

Les Anglais ont la plus grande partie de l'Hindoustan. La capitale de leurs possessions dans cette région est CALCUTTA, sur une branche du Gange, dans la province du *Bengale ;* ils ont aussi *Dehly, Agra, Bénarès, Madras, Bombay, Surate, Lahore,* etc.

Cachemire appartient à l'un des princes de l'Inde qui reconnaissent la suzeraineté de l'Angleterre.

Les Français possèdent : *Pondichéry,* sur la côte de Coromandel ; *Chandernagor,* dans le Bengale, et plusieurs autres villes.

Les Portugais ont surtout l'île de *Goa.*

Le Béloutchistan s'étend à l'O. de l'Hindoustan, le long de la mer d'Oman. La capitale est KÉLAT.

L'Arabie, située entre le golfe Persique, la mer Rouge et la mer d'Oman, est en partie composée de déserts ; cependant il y a aussi des régions fertiles : on y récolte le café le plus renommé du monde. Elle est partagée en plusieurs États, et a pour villes principales : *la Mecque, Médine, Sana, Moka, Mascate, Riad,* et *Aden,* qui appartient aux Anglais.

POPULATION DE L'ASIE.

La population de l'Asie est d'environ 700 millions d'habitants. Elle est de la race jaune dans la partie orientale ; elle appartient à la race blanche dans la moitié occidentale.

Parmi les peuples de la race blanche, il y en a cependant qui semblent s'en éloigner par leur couleur : tels sont les Hindous, qui ont une peau très-brune, quelquefois noire ; mais ils se rattachent aux nations blanches par leur conformation générale.

On trouve aussi, vers l'extrémité S. E. de l'Asie, quelques peuplades de la race malaise, particulièrement dans la presqu'île de Malaka.

La religion *musulmane* domine dans l'ouest ; les deux religions païennes connues sous les noms de *bouddhisme* et de *brahmisme* règnent dans la partie orientale.

PRINCIPAUX OBJETS D'ÉCHANGE AVEC L'EUROPE.

L'Asie fournit à l'Europe :

Productions naturelles. — Or, argent, cuivre, étain (de Malaka), graphite (de Sibérie) ; diamants (de l'Inde), rubis, lapis-lazuli, turquoises, améthystes, topazes, saphirs et autres pierres précieuses ; ivoire fossile (de Sibérie) ; naphte et pétrole, jade, kaolin.

Café (d'Arabie), riz, thé (de Chine) ; sucre brut, sagou, vins de Chypre ; oranges, citrons, grenades, olives, pistaches, caroubes, bananes, dattes ; olives, arachides, sésame et autres produits à huile ; sorgho, arrow-root, poivre, cannelle, ignames ; opium, manne, assa-fœtida, rhubarbe, ricin, ginseng, séné, croton, aloès ; gomme arabique, cardamome, benjoin, camphre, gingembre ; soie, coton, chanvre, lin, jute ; noix de galle, indigo, carthame, safran, garance, tabac ; rotins, bambous, ébène, sandal et autres bois odorants ; baumes, encens et autres parfums ; vernis, laque, colophane, térébenthine, gomme-gutte.

Peaux d'animaux à fourrure (hermines, martes-zibelines, renards, lynx, petits-gris, etc.) ; plumes d'autruche ; moutons, chèvres, chameaux, chevaux, ânes ; laine, poils de chèvre, de chameau, de chat d'Angora, de yak ; musc, ivoire, cochenille, écaille de tortue ; soie et œufs de ver à soie, cire, perles et nacre de perles, corail, éponges (de Syrie) ; nids d'hirondelle (de l'Indo-Chine).

Produits fabriqués. — Soieries, foulards, étoffes de coton, de laine, de lin, de chanvre, de jute ; cachemires, brocarts ; maroquins, peaux brodées ; tapis, nattes ; ivoires et bois sculptés, papier et encre de Chine ; porcelaine (de la Chine et du Japon), ouvrages de jade et autres pierres, poteries diverses ; bijouterie, joaillerie, orfévrerie, armes blanches (de la Turquie d'Asie) ; ouvrages en laque, essence de rose, confiserie.

L'Asie reçoit de l'Europe :

Cotonnades, draps et lainages divers, soieries, étoffes de lin et de chanvre ; armes à feu, quincaillerie, coutellerie, outils de chirurgie ; instruments de physique et de mathématiques; machines diverses, cuirs ouvrés, sucre raffiné; vins, eaux-de-vie et liqueurs diverses; mercerie et articles de modes; porcelaine et faïence, verrerie, bijouterie, orfévrerie, horlogerie; livres, gravures, papier; houille.

VI

AFRIQUE

—

LIMITES, MERS, GOLFES, CAPS ET ÉTENDUE DE L'AFRIQUE.

L'AFRIQUE occupe le S. O. de l'ancien continent. C'est une grande presqu'île, d'une forme assez régulière, qui se rapproche de celle d'un triangle ou de celle d'un losange, et qui est jointe à l'Asie, vers le N. E., par l'isthme de *Suez*, resserré entre la Méditerranée et la mer Rouge.

Elle est entourée par la mer de tous les autres côtés :

Au N., la mer *Méditerranée* et le détroit de *Gibraltar* la séparent de l'Europe.

L'océan Atlantique la baigne à l'O.

Au S. et à l'E., se trouve l'*océan Indien.* Cet océan forme le détroit de *Bab-el-Mandeb* et la mer *Rouge*, qui sont resserrés entre l'Afrique et l'Arabie; il forme aussi le canal de *Mozambique*, qui sépare du continent la grande île de *Madagascar.*

L'Afrique, fort large au N., s'amincit beaucoup vers le S.

Les côtes africaines sont régulières et uniformes. Cependant la Méditerranée y forme un grand enfoncement, partagé en deux golfes, nommés golfe de la *Sidre* et golfe de *Cabès* (anciennement *Grande Syrte* et *Petite Syrte*); — l'océan Atlantique forme le golfe de *Guinée*, qui comprend ceux de *Bénin* et de *Biafra.*

L'Afrique a quatre caps principaux vers les quatre points cardinaux. Ce sont : le cap *Blanc*, au N.; le cap des *Aiguilles*, au S.; le cap *Vert*, à l'O., et le cap *Guardafui*, à l'E.

Il faut de plus remarquer, au N., le cap *Bon*, assez près du cap Blanc ; — à l'O., un autre cap *Blanc* ; — au S., le cap de *Bonne-Espérance*.

L'Afrique a 8000 kilomètres de longueur, du N. au S., et 7500 dans sa plus grande largeur, de l'E. à l'O. Elle est environ trois fois plus grande que l'Europe.

DÉSERTS, MONTAGNES ET CLIMAT DE L'AFRIQUE.

L'Afrique est la plus chaude des cinq parties du monde. Elle offre un mélange de régions très-fertiles et de grands déserts sablonneux et arides : on y remarque surtout le *Sahara*, le plus vaste désert du globe.

Il y a encore dans l'intérieur de l'Afrique beaucoup de parties qui nous sont inconnues.

Une des plus hautes chaînes de montagnes est l'*Atlas*, au N. O. — Dans la partie orientale, on trouve les montagnes de *Sémen*.

Au centre, on a découvert récemment, près et au S. de l'équateur, les monts *Kénia* et *Kilima-Ndjaro*, qui paraissent être les plus hauts de cette partie du monde.

Au S. E., on remarque les monts *Lupata ;*

Au S., les monts de *Neige*.

Dans la région renfermée entre les tropiques, les pluies sont périodiques, c'est-à-dire reviennent à des époques fixes ; elles tombent abondamment durant plusieurs mois ; ensuite il se passe un assez long temps sans qu'il tombe une goutte d'eau. Ainsi, l'année de ces contrées ne se divise qu'en deux saisons : celle des pluies et celle de la sécheresse. Il y a des espaces fort étendus (comme une grande partie du Sahara) où il ne pleut jamais.

VERSANTS, BASSINS ET FLEUVES DE L'AFRIQUE.

Vers le N., l'Afrique envoie ses eaux dans la mer Méditerranée ; — vers l'O., dans l'océan Atlantique ; — vers l'E., dans l'océan Indien.

Il existe, au centre de cette partie du monde, de grands bassins au milieu desquels sont de vastes lacs.

Le plus grand des fleuves qui se jettent dans la Méditerranée est le *Nil*, formé par la jonction du *Nil Blanc* et du *Nil Bleu*. La première de ces deux branches est la plus longue, et sort de vastes lacs situés vers l'équateur.

Les principaux fleuves tributaires de l'océan Atlantique sont : le *Sénégal*, la *Gambie*, le *Kouara* ou *Niger*, le *Zaïre* ou *Coango*, la *Coanza* et le fleuve *Orange*.

Parmi les fleuves qui coulent du côté de l'océan Indien, on remarque surtout le *Zambèze*.

LACS DE L'AFRIQUE.

Le lac *Tchad* ou *Tsad*, au centre, est un des plus grands lacs d'Afrique.

A l'E., se trouve le lac *Dembéa* ou *Tana*, formé par le Nil Bleu.

Sous l'équateur, sont deux très-grands lacs aussi :

L'un est l'*Oukérévé* ou lac *Victoria*, d'où sort, au N., le Nil Blanc.

L'autre, près et au N. O. de celui-là, est le lac *Albert* ou *Mvoutan*, qui se trouve dans le cours du même fleuve.

Au S. de l'équateur, on remarque le lac *Tanganyika*, le lac *Nyassa* et le lac *Nyami*.

CONTRÉES PRINCIPALES DE L'AFRIQUE.

L'Afrique est divisée en 18 contrées principales :

Au N. E., il y a trois pays arrosés par le Nil et situés vers la mer Rouge : ce sont l'*Égypte*, la *Nubie* et l'*Abyssinie*.

L'*Égypte*, située vers l'isthme de Suez, est baignée par la Méditerranée, au N.; et la mer Rouge, à l'E.; elle est parcourue dans toute sa longueur par le Nil, et très-fertile sur les bords de ce fleuve, mais aride ailleurs. Son ancienne civilisation et les belles ruines qu'on y trouve, l'ont rendue la plus intéressante des contrées de l'Afrique. Elle est gouvernée par un vice-roi tributaire de l'empereur de Turquie et qui prend le titre de *khédive*.

Elle a pour capitale LE CAIRE, sur le Nil. — Autres villes principales : *Alexandrie*, *Rosette* et *Damiette*, sur la Méditerranée; *Suez*, sur la mer Rouge, point où aboutit un canal qui coupe l'isthme et unit directement les deux mers ; *Port-Saïd*, à l'autre extrémité du canal, sur la Méditerranée.

Ville de Maroc.

Parmi les villes ruinées, on distingue surtout *Thèbes*, au sud.

La **Nubie**, située au S. de l'Égypte, dépend presque entièrement du même vice-roi : elle est traversée aussi par le Nil. La ville principale est *Khartoum*, au confluent des deux Nils.

L'Abyssinie ou **Éthiopie** est une région de plateaux élevés et de montagnes, qui s'étend au S. E. de la Nubie, jusqu'au détroit de Bab-el-Mandeb. On y voit la source du Nil Bleu et le lac Dembéa. Une partie de ce pays forme un empire, dont la capitale est GONDAR.

Au N., le long de la Méditerranée, s'étend la **Barbarie** ou **la région Barbaresque**, longue contrée qui occupe presque toute la côte méridionale de la Méditerranée et qui doit son nom aux *Berbers*, un de ses principaux peuples. Elle se divise en quatre parties : 1° le royaume de **Tripoli**, capitale TRIPOLI ; — 2° le royaume de **Tunis** ou de **Tunisie**, capitale TUNIS, près de l'emplacement de l'ancienne *Carthage* ; — 3° l'**Algérie**, aux Français, capitale ALGER ; autres principales villes : *Bône, Philippeville, Bougie, Oran*, sur la côte ; *Constantine*, dans l'intérieur ; — 4° l'empire de **Maroc**, capitale MAROC ; autres villes : *Fez, Méquinez, Mogador, Tanger, Ceuta* (à l'Espagne).

Les pays d'Afrique baignés par l'Atlantique et situés à l'O. et au S. O., sont : le *Sahara*, le *Sénégambie*, la *Guinée supérieure*, la *Guinée inférieure*, l'*Ovampie*, la *Hottentotie*.

Le **Sahara** ou **Grand Désert**, situé au S. de la Barbarie, est baigné à l'O. par l'Atlantique, et s'étend au loin dans l'intérieur. Il renferme un assez grand nombre d'oasis. Parmi les peuples qui l'habitent, on distingue les *Touareg*.

La **Sénégambie**, qui tire son nom du Sénégal et de la Gambie, est un pays très-fertile, mais trop chaud en général et malsain dans plusieurs parties. Elle est partagée entre les Français, les Anglais, les Portugais et plusieurs peuples indigènes. Une des villes principales est *Saint-Louis*, aux Français, sur le Sénégal.

La **Guinée supérieure** ou **septentrionale** environne au N. et au N E. le golfe de Guinée. On y remarque : la côte de *Sierra-Leone* (aux Anglais) ; — la côte des *Graines* (où se trouve la république de *Libéria*, composée de nègres venus de l'Amérique) ; — la côte des *Dents* ou d'*Ivoire* (où il y a des établissements français) ; — la côte d'*Or* (où sont des établissements anglais et ci-devant hollandais) ; — celle des *Esclaves*, où est le royaume de *Dahomey;* — celle de *Bénin* ; — celle de *Gabon* (avec un établissement français).

La plus grande et la plus civilisée des villes de la Guinée supérieure est *Abbéokuta*, derrière la côte des Esclaves.

La **Guinée inférieure** ou **méridionale** renferme le royaume de *Congo*, dont la capitale est *San-Salvador*, et la colonie d'*Angola*, aux Portugais.

L'**Ovampie** a pour peuple principal les *Ovampo*.

La **Hottentotie** est ainsi appelée de ses habitants, les *Hottentots* ou *Quaqua*.

A l'extrémité sud de l'Afrique, entre l'océan **Atlantique** et l'océan Indien, est la **colonie du Cap**, qui appartient aux Anglais, et qui est terminée au S. O. par le cap de **Bonne-Espérance**, dont elle tire son nom. La VILLE DU CAP (ou simplement LE CAP) en est la capitale.

Au S. E. et à l'E., les pays baignés par l'océan Indien sont : la *Cafrerie maritime*, le *Mozambique*, le *Zanguebar* et le *Somâl*.

La **Cafrerie maritime**, habitée par plusieurs nations cafres, renferme la colonie anglaise de *Natal*.

La **capitainerie générale de Mozambique**, qui dépend des Portugais, s'étend en face de l'île de Madagascar ; elle a pour capitale *Mozambique*.

Le **Zanguebar** est partagé entre plusieurs États nègres et arabes, presque tous sous la domination du sultan de **Zanzibar**. La capitale de ce prince est ZANZIBAR, sur une île de même nom. On remarque aussi l'île et le port de *Mombas*.

Le **Somâl** est situé à l'extrémité orientale de l'**Afrique** : on y remarque *Zeïla*.

Dans l'intérieur de l'Afrique, on trouve la *Nigritie septentrionale*, la *Nigritie méridionale* et la *Cafrerie intérieure*.

La **Nigritie septentrionale** ou **Nigritie** proprement dite, appelée aussi **Soudan** ou **Takrour**, s'étend entre le Sahara et la Guinée supérieure, et depuis la Nubie jusqu'à la Sénégambie ; elle est traversée par le Niger ou Kouara, à l'O., et par le Nil Blanc, à l'E. ; le lac Tchad se trouve au milieu. C'est généralement une contrée belle et fertile.

Parmi les pays qu'elle renferme, on remarque le *Haoussa*, le *Bornou* et le *Darfour*. Les villes les plus commerçantes sont *Kano* et *Tombouctou*.

Le nom de Nigritie signifie pays des nègres : les populations nègres y sont, en effet, les plus nombreuses ; mais il s'y trouve aussi des Arabes et un peuple de couleur rougeâtre, très-puissant, nommé les *Fellata*, qui possède une grande partie de l'ouest et du milieu.

La **Nigritie méridionale** est la contrée la moins connue de l'Afrique ; le Nil y a sa source, et il s'y trouve les grands lacs *Victoria*, *Albert*, *Tanganyika* et *Nyassa*. — L'*Ouniamouézi* et le *Londa* sont parmi les principaux pays qu'elle renferme.

La **Cafrerie intérieure** comprend un grand nombre de peuples, dont les principaux sont les *Betchouana* et les *Makololo*. — L'ancien empire du *Monomotapa* était dans cette partie de l'Afrique.

Les trois contrées de l'intérieur sont celles qu'il est le plus difficile aux Européens d'aborder ; aussi les voyageurs qui les ont parcourues se sont-ils acquis une grande célébrité par leurs courageuses explorations. On remarque particulièrement, dans ces derniers temps, Livingstone, Speke et Barth.

POPULATION DE L'AFRIQUE.

On croit que l'Afrique renferme environ 100 millions d'habitants. Ceux du nord appartiennent à la race *blanche* ; mais ils sont généralement de couleur bronzée ; quelques-uns même ont le teint noir, tout en conservant la physionomie générale de la race caucasique. Les principaux sont : les *Maures* ; — les *Berbers*, dont font partie les *Kabyles* et les *Touareg* ; — les *Tibous* ; — les *Coptes*, en Égypte ; — les *Nubiens* ; — les *Abyssins* ; — les *Somâli*.

Plusieurs peuples étrangers sont venus se mêler aux Africains du nord : tels sont les *Arabes* et les *Turcs*.

Les autres habitants de l'Afrique sont généralement des

nègres, qui occupent à peu près tout ce qui se trouve au au S. du Sahara, de la Nubie et de l'Abyssinie.

On remarque cependant, vers les régions moyennes de l'Afrique, quelques peuples considérables qui sont plutôt rouges que noirs, et qui paraissent tenir le milieu entre les deux races : tels sont les *Fellata*, les *Galla*, populations guerrières et entreprenantes. Dans le S , les *Cafres*, dont la couleur est d'un gris d'ardoise, et les *Hottentots*, d'un jaune brun, diffèrent assez des nègres proprement dits.

Les peuples africains sont plongés dans un triste état de barbarie ; un grossier *fétichisme*, qui consiste dans l'adoration des animaux et d'objets inanimés, est la religion du plus grand nombre des nègres. Le mahométisme est répandu dans le nord, dans une grande partie des contrées centrales et sur une certaine étendue de la côte de l'océan Indien.

Les Coptes et les Abyssins sont chrétiens.

L'anthropophagie existe chez quelques tribus de nègres et de Cafres.

Un des plus révoltants usages de l'Afrique est la vente des esclaves. Les lois des nations civilisées s'opposent à ce commerce, qui se fait encore cependant sur beaucoup de points.

ILES DE L'AFRIQUE DANS L'OCÉAN ATLANTIQUE.

Les îles *Açores* sont belles et riches en excellents fruits, surtout en oranges, mais éprouvent souvent des tremblements de terre. Elles appartiennent au Portugal.

Les îles *Madère* dépendent aussi du Portugal. La plus grande, nommée également *Madère*, est fertile en vins renommés.

Les *Canaries*, dépendantes de l'Espagne, sont la plupart très-riches et très-belles. La plus considérable est *Ténérife*, célèbre par une montagne volcanique qu'on appelle le *Pic de Ténérife*. — La plus occidentale est l'île de *Fer*, qui était autrefois le terme des connaissances géographiques vers l'ouest.

L'île de *Gorée*, près du cap Vert, est aux Français.

Les îles du *Cap-Vert*, soumises au Portugal, sont malsaines et exposées à de funestes sécheresses.

L'*Ascension* et *Sainte-Hélène* dépendent de l'Angleterre ; la seconde de ces deux îles est célèbre par l'exil et la mort de Napoléon Ier.

Fernan-do-Po, dans le golfe de Guinée, est à l'Espagne.

L'île du *Prince* et celle de *Saint-Thomas*, dans le même golfe, appartiennent aux Portugais.

L'île d'*Annobon* est aux Espagnols.

Les îles *Tristan da Cunha*, très-éloignées vers le S., sont à l'Angleterre.

ÎLES DE L'AFRIQUE DANS L'OCÉAN INDIEN.

Madagascar ou *Malgache* est une des plus grandes et des plus belles îles de la Terre. Les habitants s'appellent *Madécasses* ou *Malgaches*. Ils sont divisés en plusieurs nations, dont la principale est celle des *Hova*.

L'île de la *Réunion* (autrefois *Bourbon*) est une des plus importantes colonies françaises. Elle produit surtout beaucoup de café. Le chef-lieu est *Saint-Denis*.

L'île *Maurice* (autrefois *île de France*), que les Français ont possédée longtemps, appartient maintenant aux Anglais ; c'est une belle colonie, qui a pour chef-lieu *Port-Louis*.

Rodrigue, à l'E. de Maurice, est aussi aux Anglais.

Les îles *Comores*, situées dans le N. du canal de *Mozambique*, appartiennent la plupart à des princes indigènes. L'une d'elles, *Mayotte*, dépend de la France.

Les îles *Séchelles* sont à l'Angleterre.

L'île de *Zanzibar*, sur la côte de *Zanguebar*, avec une ville de même nom, est la résidence d'un puissant sultan arabe.

L'île de *Mombas* ou *Mombaza*, sur la même côte, appartient au même sultan.

L'île de *Socotora*, à l'E. du cap Guardafui, est soumise à un prince arabe.

L'île de la *Désolation* ou la *Terre de Kerguelen*, placée bien loin au S. E. de l'Afrique, se compose entièrement de rochers arides.

Port-Louis.

PRINCIPAUX OBJETS D'ÉCHANGE AVEC L'EUROPE.

L'Afrique fournit à l'Europe :

Productions naturelles. —Or (de Guinée, etc.), fer, cuivre, plomb, zinc, antimoine ; marbres (de l'Algérie), sel ; émeraudes (d'Égypte), albâtre et porphyre (même pays), diamants (de l'Afrique australe).

Blé, maïs, millet, riz, dourah, sorgho, fèves, café, manioc, sucre brut, arrow-root, sésame, poivre et autres épices ; oranges, pamplemousses, citrons, grenades, bananes, olives, figues, dattes, jujubes, amandes, glands doux, pistaches, arachides ; cocos, huile de palme, ignames, patates douces ; vins (de Madère, des Canaries, du Cap) ; aloès, séné, gomme arabique, sang-dragon, copal ; coton, alfa (plante textile d'Algérie) ; carthame, orseille, indigo et autres plantes tinctoriales ; caoutchouc ; ébène, cyprès, ifs, térébinthes, thuyas et autres bois de construction et d'ébénisterie ; myrrhe et autres parfums ; tabac.

Bœufs, chevaux, ânes, mulets, moutons, chèvres, chameaux ; laine, soie, ivoire (dents d'éléphant et d'hippopotame), cornes de rhinocéros, plumes d'autruche, cire et miel, sangsues ; peaux, tortues, écailles de tortue, produits de baleine (cap de Bonne-Espérance), guano, ambre gris.

Produits fabriqués. — Soieries, étoffes de laine et de coton, maroquins, nattes.

L'Afrique tire de l'Europe :

Tissus de soie, de laine et de coton (particulièrement toiles de coton bleues appelées *guinées*) ; vins, eau-de-vie et liqueurs, sucre raffiné ; verrerie, verroterie, miroirs, conteries (parures grossières pour les nègres) ; machines, coutellerie, quincaillerie et autres ouvrages en métaux ; monnaies pour l'usage de certains pays (telles que les talaris d'Autriche) ; armes, poudre, objets de luxe ; porcelaine, poteries, peaux préparées ; mercerie, papier, houille, tabac.

VIIe

AMÉRIQUE

—

DÉCOUVERTES, LIMITES, MERS, GOLFES ET DÉTROITS DE L'AMÉRIQUE.

Les parties boréales de l'Amérique furent découvertes au neuvième et au dixième siècle par les Scandinaves, qui appelèrent *Groenland* et *Vinland* les contrées où ils abordèrent. Les parties équinoxiales et les plus riches furent découvertes en 1492 par Christophe Colomb, dont cette partie du monde aurait dû porter le nom ; elle a pris celui d'un voyageur florentin, Améric Vespuce, qui ne la vit cependant qu'un peu après Colomb.

Elle s'allonge du N. au S., entre l'*océan Atlantique*, à l'E., et le *grand Océan*, à l'O.

Elle se termine en pointe vers le S. — Au N., vers l'*océan Glacial*, ses bornes sont encore peu connues, à cause des froids trop rigoureux et des amas de glace.

L'Amérique se rétrécit beaucoup vers le milieu ; sa partie la plus étroite est l'*isthme de Panama*, continué par celui de *Darien*.

Elle est divisée en deux grandes parties, unies entre elles par ce double isthme : l'une est l'*Amérique du Nord*, et l'autre l'*Amérique du Sud*.

Les côtes de l'Amérique du Nord sont très-irrégulières ; mais celles de l'Amérique du Sud sont presque partout uniformes, et cette dernière contrée figure presque un grand triangle, allongé du N. au S.

L'océan Glacial forme la mer *Polaire de Kane* et la mer de *Baffin*.

L'océan Atlantique forme le détroit de *Davis*, qui sépare

le Groenland du reste de l'Amérique ; — la mer d'*Hudson*, qui pénètre fort avant dans le continent ; — le golfe *Saint-Laurent*, sur la côte orientale de l'Amérique septentrionale ; — le golfe du *Mexique* et la mer des *Antilles*, entre les deux Amériques.

Vers l'extrémité méridionale de l'Amérique, se trouve le détroit de *Magellan*, qui sépare le continent de la Terre de Feu.

Du côté du grand Océan, on voit le golfe de *Panama*, le golfe de *Californie* (appelé aussi mer *Vermeille*) et la mer de *Beering*.

Au N. de cette dernière mer est le détroit de *Beering*, situé entre la pointe N. O. de l'Amérique et la pointe N. E. de l'Asie.

PRESQU'ÎLES, ÎLES, CAPS ET ÉTENDUE DE L'AMÉRIQUE.

On remarque, sur la côte orientale de l'Amérique du Nord, les presqu'îles de *Labrador*, de la *Nouvelle-Écosse* ou *Acadie*, de *Floride* et de *Yucatan*.

A l'O., on voit la presqu'île de *Californie* et celle d'*Alaska*.

Les îles les plus considérables répandues autour de l'Amérique sont le *Groenland*, l'*Islande*, *Terre-Neuve* et l'archipel du *Spitzberg*, au N. E. (mais ce dernier peut être rattaché à l'Europe) ; — les *Antilles*, à l'E. ; — la *Terre de Feu*, au S. ; — l'île de *Vancouver* et les îles *Aléoutiennes*, au N. O.

Le cap le plus oriental de la partie continentale de l'Amérique du Nord est le cap *Charles*, dans le Labrador, et le plus avancé vers l'O. est le cap *Occidental*, sur le détroit de Beering.

L'Amérique du Sud s'amincit beaucoup vers le S., comme l'Afrique ; elle a, comme elle, quatre caps remarquables vers les quatre points cardinaux : au N., le cap *Gallinas* ; à l'E., le cap *Blanc* du Brésil ; à l'O., le cap de *Parina* ; au S., le cap *Horn*. Mais ce dernier cap n'est pas sur le continent : il appartient à l'archipel de la Terre de Feu : l'extrémité continentale de l'Amérique vers le S. est le cap *Froward*, sur le détroit de Magellan.

On remarque, près de l'extrémité orientale de l'Amérique du Sud, le cap *Saint-Roch*, et, près de l'extrémité occidentale, le cap *Blanc* du Pérou.

L'Amérique continentale a environ 15 500 kilomètres de longueur, du N. au S.; sa largeur, de l'E. à l'O. varie beaucoup : elle n'est que de 45 kilomètres à l'isthme de Panama; elle va jusqu'à 5300 kilomètres dans les parties les plus larges de l'Amérique septentrionale et de l'Amérique méridionale. — Si l'on y comprend les îles, c'est la plus grande partie du monde.

MONTAGNES DE L'AMÉRIQUE.

L'Amérique a de très-grandes chaînes de montagnes : la principale est celle qui parcourt le continent dans toute sa longueur; elle porte le nom de monts *Rocheux*, au N.; ceux de *Cordillère du Mexique* et de *Cordillère de l'Amérique centrale*, au milieu, et celui de *Cordillère des Andes*, au S. Ces dernières sont les plus élevées.

On remarque, en outre, dans l'Amérique du Nord, vers la côte occidentale, la *Sierra Nevada*, où se trouvent de riches mines d'or, et, vers la côte orientale, les monts *Alleghany* ou *Apalaches*.

ASPECT ET CLIMAT DE L'AMÉRIQUE.

Il y a dans le nouveau continent beaucoup de grands fleuves et une infinité de lacs; on y voit aussi d'épaisses forêts et des prairies très-étendues.

Le climat est extrêmement froid au N.; il est froid aussi vers la partie la plus méridionale, mais fort chaud dans les régions du milieu, qui sont dans la zone torride : ces régions éprouvent des pluies périodiques semblables à celles de l'Afrique, et sont d'une fertilité prodigieuse.

VERSANTS ET FLEUVES DE L'AMÉRIQUE.

L'Amérique est divisée en deux versants : l'un oriental,

incliné vers l'océan Atlantique et l'océan Glacial ; l'autre occidental, incliné vers le grand Océan.

Sur le versant oriental, on remarque dans l'Amérique du Nord :

Le *Mackenzie*, le fleuve de la *Mine de cuivre* et le *Back*, qui se rendent dans l'océan Glacial.

Le *Saint-Laurent*, qui a une très-large embouchure.

L'*Hudson*, le *Potomac*, qui se jettent dans l'océan Atlantique.

Le *Mississipi*, fleuve long de 4500 kilomètres, est tributaire du golfe du Mexique ; il reçoit le *Missouri*, qui a 5000 kilomètres de cours ; un autre de ses affluents les plus importants est l'*Ohio*.

Le *rio Grande del Norte* se jette aussi dans le golfe du Mexique.

On ne voit sur le versant occidental de l'Amérique du Nord que deux fleuves importants :

L'un est le *Columbia* ou *Orégon*.

L'autre est le *rio Colorado*, qui se jette dans le golfe de Californie.

Il faut aussi remarquer le *Fraser*, le *Sacramento*, célèbres par les mines d'or qui se trouvent vers leurs bords ; et le *Youkon*, qui coule dans une région encore peu connue et se jette dans la mer de Beering.

L'Amérique méridionale n'a de grands fleuves que sur le versant oriental ; on y remarque :

La *Madeleine* ;

L'*Orénoque*.

Le fleuve des *Amazones*, ou simplement l'*Amazone*, appelé aussi *Marañon*.

Le *Tocantins* ;

Le *São-Francisco*.

Le *rio de la Plata*, fleuve très-large, mais peu long, qui est formé par la réunion du *Parana* et de l'*Uruguay* ; le Parana se grossit lui-même du *Paraguay*.

Le principal de tous ces fleuves de l'Amérique méridionale est l'*Amazone*, qui a environ 5000 kilomètres de cours : c'est le fleuve le plus large du globe. Mais le plus long de tous est le *Mississipi*, joint au *Missouri* : ces deux cours d'eau forment ensemble un fleuve de plus de 7000 kilomètres de longueur.

LACS DE L'AMÉRIQUE.

L'Amérique septentrionale est le pays du monde où l'on trouve le plus de lacs.

Le lac des *Montagnes*, le lac de l'*Esclave* et celui du *Grand-Ours* s'écoulent dans l'océan Glacial par le Mackenzie.

Le lac *Ouinipeg* s'écoule dans la mer d'Hudson.

Le lac *Supérieur*, le plus grand de l'Amérique, et les lacs *Huron*, *Michigan*, *Érié* et *Ontario*, s'écoulent dans l'Atlantique par le fleuve Saint-Laurent.

Le lac Érié se verse dans le lac Ontario par la rivière *Niagara*, qui forme une cataracte célèbre.

Dans la partie de l'Amérique qui est resserrée entre la mer des Antilles et le grand Océan, on voit le lac de *Nicaragua* ; il s'écoule dans la mer des Antilles par la rivière *San-Juan*, et l'on a le projet de le faire communiquer au grand Océan par un canal.

Dans l'Amérique méridionale, sont trois grands lacs :

Le lac de *Maracaybo*, joint à la mer des Antilles par un détroit.

Le lac *dos Patos* ou des *Oies*, sur la côte S. E. de cette Amérique, et très-près de l'océan Atlantique.

Le lac *Titicaca* ou *Chucuyto*, à l'O., sur un plateau des Andes.

CONTRÉES PRINCIPALES DE L'AMÉRIQUE DU NORD.

L'Amérique du Nord comprend 5 divisions : le *Groenland*, l'*Amérique du Nord anglaise*, les *États-Unis*, le *Mexique* et l'*Amérique centrale*.

Le **Groenland** est un pays très-froid, dont on ne connaît pas les limites au N., ni une grande partie de l'intérieur ; il est composé d'une île ou de plusieurs îles. Il y a des colonies danoises sur la côte occidentale. Les indigènes sont les *Eskimaux* ou *Huskis*, peuple de très-petite taille.

A l'E. du Groenland, on trouve l'*Islande*, qui appartient au Danemark ; on y voit aussi l'archipel inhabité de *Spitzberg*, qui est couvert de rochers et de glaces, et près duquel on fait une abondante pêche de baleines. Cet archipel peut être rattaché à l'Europe aussi bien qu'à l'Amérique, et se trouve au N. de la *Scandinavie*, dont on le considère comme une dépendance.

L'Amérique du Nord anglaise, qu'on appelle aussi **Nouvelle-Bretagne**, s'étend depuis l'océan Atlantique jusqu'au grand Océan. Elle renferme au N. beaucoup d'îles et de presqu'îles, qui sont très-froides et très-peu connues.

A l'E., elle comprend l'important pays du *Canada*, qui a longtemps appartenu à la France, mais qui est aujourd'hui aux Anglais. Les villes principales sont : *Ottawa*, capitale ; *Québec* et *Montréal*, sur le Saint-Laurent ; *Toronto*, sur le lac Ontario.

A l'E. encore, on remarque le *Nouveau-Brunswick* et la *Nouvelle-Écosse*, qui a pour capitale *Halifax*.

Ces deux derniers pays, réunis au Canada, composent la *confédération Canadienne*, dont la capitale est OTTAWA.

Devant le golfe Saint-Laurent, se trouvent les îles du *Prince-Édouard* et de *Cap-Breton*, et la grande île de *Terre-Neuve*. On nomme *grand banc de Terre-Neuve* un banc de sable qui s'étend à l'E. et au S. de cette dernière, et qui est célèbre par la pêche à la morue.

Au N. E., l'Amérique anglaise renferme le *Labrador*.

Sur le grand Océan, est la *Colombie britannique*, où se trouvent des mines d'or.

En face, s'étend l'île de *Vancouver*, qui est une colonie anglaise florissante.

Un grand nombre de peuplades indigènes habitent l'Amérique du Nord anglaise : tels sont les *Eskimaux*, les *Algonquins*, les *Iroquois* (aujourd'hui presque éteints).

Les États-Unis occupent le milieu et la partie la plus tempérée de l'Amérique septentrionale, depuis l'océan Atlantique et le golfe du Mexique jusqu'au grand Océan. Ils forment une république, composée de 37 États confédérés.

La civilisation y est très-avancée, et il s'y trouve un grand nombre de villes florissantes.

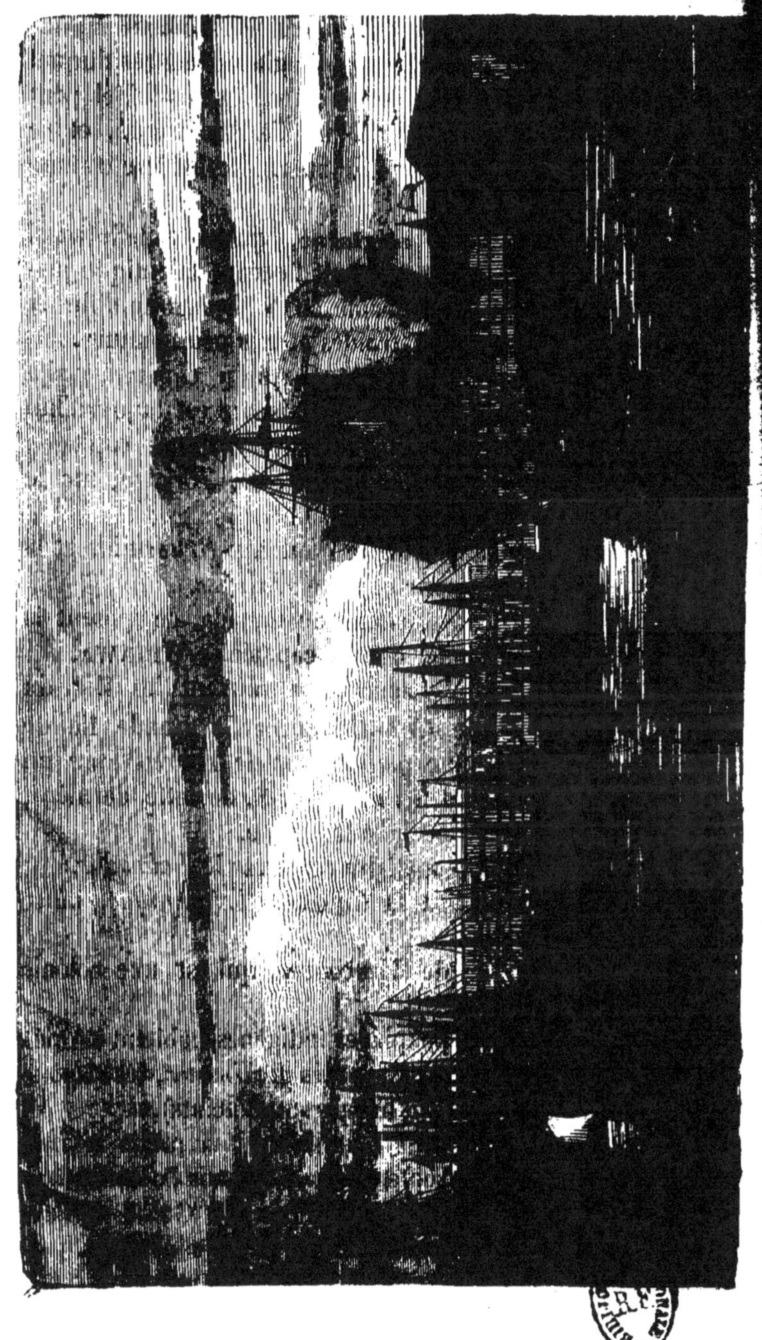

En suivant la côte de l'océan Atlantique et ensuite celle du golfe du Mexique, on remarque surtout les États de *Maine*, de *Massachusetts*, de *New-York*, de *Pennsylvanie*, de *Maryland*, de *Virginie*, de la *Caroline du Nord*, de la *Caroline du Sud*, de *Géorgie*, de *Floride*, d'*Alabama*, de *Mississipi*, de *Louisiane* et de *Texas*.

Dans l'intérieur, on distingue les États d'*Ohio*, de *Kentucky*, de *Tennessee*, d'*Indiana*, d'*Illinois*, de *Missouri*, etc.

A l'O., l'État de *Californie*, riche en mines d'or; celui de *Nevada*, riche en mines d'argent.

On voit aussi, à l'O., le territoire du *Nouveau-Mexique*.

On parle anglais dans une grande partie des États-Unis, car les plus anciens de ces États ont été dans l'origine des colonies anglaises.

La capitale est WASHINGTON, sur le Potomac.

Les autres villes les plus remarquables sont :

A l'E., *Boston*, *New-York*, port célèbre et la plus grande ville d'Amérique (avec plus de 1 200 000 hab.); *Philadelphie*, *Baltimore*, *Richmond*, *Charleston*, toutes vers l'océan Atlantique.

Au S., la *Nouvelle-Orléans*, dans la Louisiane, sur le Mississipi, près du golfe du Mexique.

Au centre, *Saint-Louis*, vers le confluent du Mississipi et du Missouri ; — *Cincinnati* et *Louisville*, sur l'Ohio ; — *Chicago*, sur le lac Michigan.

A l'O., *San-Francisco*, dans la Californie.

Les États-Unis possèdent encore le *territoire d'Alaska*, qui s'avance en face de l'Asie, vers le détroit et la mer de Béering. C'est la ci-devant *Russie américaine*, cédée par les Russes aux États-Unis en 1867. On n'en connaît à peu près que les côtes, qui sont généralement froides et tristes.

La grande chaîne des îles *Aléoutiennes* se prolonge au S. O. de ce pays, jusque dans le voisinage du Kamtchatka.

Le Mexique est un beau pays, situé au S. des États-Unis, entre le golfe du Mexique et le grand Océan.

Il appartenait autrefois à l'Espagne ; c'est aujourd'hui une république.

On y trouve les mines d'argent les plus riches du globe. Il y a aussi d'importantes mines d'or, et beaucoup d'acajou, de bois de teinture, de vanille, de cacao, de bananiers, de nopal à cochenille.

La capitale est MEXICO.

Autres villes principales : *Vera-Cruz* et *Campêche*, sur le golfe du Mexique ; *Puebla* et *Guadalaxara*, dans l'intérieur.

La presqu'île de *Californie*, à l'O., et celle de *Yucatan*, à l'E., sont comprises dans le Mexique.

On remarque, dans le Yucatan et dans d'autres parties du S. E. du Mexique, d'anciens monuments très-beaux et très-vastes, qui ont été construits, longtemps avant la découverte de Colomb, par un peuple inconnu.

L'**Amérique centrale** est une contrée longue et étroite, très-belle aussi et renfermée entre le grand Océan et la mer des Antilles ; elle est située très-avantageusement pour les communications qu'on pourra établir d'un océan à l'autre par des canaux et des chemins de fer.

Elle se compose de cinq républiques :

Le **Guatémala**, avec une capitale de même nom.

Le **San-Salvador**, capitale SAN-SALVADOR.

Le **Honduras**, capitale COMAYAGUA.

Le **Nicaragua**, capitale MANAGUA.

Le **Costa-Rica**, capitale SAN-JOSÉ.

CONTRÉES DE L'AMÉRIQUE DU SUD.

L'Amérique du Sud comprend 12 contrées :

La première qu'on trouve en entrant dans cette Amérique est la république de la **Nouvelle-Grenade** ou des **États-Unis de Colombie**, ancienne colonie espagnole, qui contient au N. O. le double isthme de Panama et de Darien, et qui est baignée à la fois par le grand Océan et la mer des Antilles. Elle est traversée par la Cordillère des Andes ; les côtes en sont très-chaudes et peu salubres, mais l'intérieur a des plateaux tempérés et sains.

La capitale est BOGOTA. — Autres villes principales : *Car-*

thagène, au N.; — *Panama*, au N. O., sur la côte méridionale de l'isthme de même nom, à l'extrémité d'un chemin de fer qui traverse cet isthme.

À l'E. de cette république, se trouve celle de **Vénézuéla**, sur la mer des Antilles et sur les bords de l'Orénoque ; c'est aussi une ancienne colonie espagnole. La capitale est CARACAS. — Autres villes : *Maracaybo, Ciudad-Bolivar*.

Il y a quatre contrées situées sur l'océan Atlantique, dans le N. E., l'E. et le S. E. de l'Amérique du Sud : la *Guyane*, le *Brésil*, l'*Uruguay* et la *confédération Argentine*.

La **Guyane** comprend : la **Guyane anglaise**, capitale *Georgetown* ou *Démérari* ; — la **Guyane hollandaise**, capitale *Paramaribo* ; — la **Guyane française**, capitale *Cayenne*.

Il y a, en outre, une **Guyane vénézuélienne**, dans le S. du Vénézuéla, et une **Guyane brésilienne**, dans le N. du Brésil.

Le **Brésil** est un empire très-vaste, très-beau, riche en plantes et en mines de toutes sortes, et qui occupe le centre et l'E. de l'Amérique méridionale dans les bassins de l'Amazone, du São-Francisco et du Parana. Il a longtemps appartenu au Portugal.

La capitale est RIO-DE-JANEIRO, sur une baie de même nom. — On y remarque aussi *São-Salvador* ou *Bahia*, *Pernambouc* et *Para*, ports très-commerçants.

La république de l'**Uruguay**, placée à l'E. de la rivière Uruguay et au N. du rio de la Plata, a pour capitale MONTÉVIDÉO, sur le rio de la Plata.

La **confédération Argentine**, ou **confédération de la Plata**, qui s'étend depuis l'embouchure du rio de la Plata jusqu'aux Andes, a un climat salubre et un sol très-riche. La capitale est BUENOS-AYRES, sur le rio de la Plata. Autres villes : *Rosario, Santa-Fé, Parana*.

Dans l'intérieur, se trouve la république du **Paraguay**, très-beau pays, situé entre le Parana et le Paraguay : la capitale est l'ASSOMPTION.

À l'O., vers le grand Océan, sont quatre républiques, qui ont été des possessions espagnoles.

L'une est la république de l'**Équateur**, couverte par une des parties les plus élevées des Andes ; elle a pour capitale QUITO, sur une haute montagne, et pour autre ville importante, *Guayaquil*, port sur un fleuve qui se jette dans l'océan Pacifique.

La seconde est le **Pérou**, traversé par les Andes et qui renferme les sources de l'Amazone. LIMA, près de l'Océan, en est la capitale ; *Cuzco*, la seconde ville.

Ensuite on remarque la **Bolivie**, couverte aussi par les Andes, qui y sont très-élevées.

La capitale est CHUQUISACA, LA PLATA ou SUCRE.

Autres villes remarquables : *Potosi*, célèbre par ses mines d'argent, et *la Paz*, par ses mines d'or.

Le **Chili**, long et étroit, est resserré entre le grand Océan et les Andes. Il a un sol très-fertile et un climat très-doux, mais il est exposé aux éruptions des volcans et aux tremblements de terre.

La capitale est SANTIAGO. Autre ville importante, *Valparaiso*, port très-commerçant.

La grande île de *Chiloé* est située au sud de cette république et en dépend.

A 650 kilomètres à l'ouest du Chili, se trouvent les îles de *Juan-Fernandez*, sur l'une desquelles fut abandonné, en 1709, le marin écossais Alexandre Selkirk, dont les aventures ont fourni le sujet de l'ouvrage de *Robinson Crusoé*.

La **Patagonie**, à l'extrémité méridionale de l'Amérique, est resserrée entre le grand Océan et l'océan Atlantique ; c'est un pays triste et froid, habité par des peuples sauvages qu'on nomme *Patagons*, et qui sont célèbres par leur taille élevée.

Au S. de la Patagonie, se trouve l'archipel de la *Terre de Feu*, séparé du continent par le détroit de Magellan.

A l'E., on rencontre les îles *Malouines* ou *Falkland*, où es Anglais ont un établissement.

Fort loin au S. des îles Malouines et de la Terre de Feu, se trouvent quelques terres couvertes de glaces et que l'on connaît peu : tels sont les archipels des *Orcades méridionales* et du *Nouveau-Shetland méridional.*

ÎLES ANTILLES.

Entre l'Amérique du Nord et l'Amérique du Sud, sont les *Antilles*, appelées aussi *Indes occidentales*; elles se trouvent devant le golfe du Mexique et la mer des Antilles.

On les partage en 4 divisions principales :

1° Au N., les îles **Lucayes** ou **Bahama**, qui appartiennent aux Anglais : ce sont les premières terres d'Amérique que vit Christophe Colomb en 1492.

2° Au milieu, les **Grandes Antilles**, c'est-à-dire *Cuba*, *Haïti*, la *Jamaïque* et *Puerto-Rico*.

Cuba, magnifique île, la plus grande des Antilles, et allongée de l'O. à l'E., est soumise à l'Espagne ; elle a pour capitale *la Havane*.

Haïti ou **Saint-Domingue**, autre île très-belle, forme deux divisions distinctes : à l'O., la république d'HAÏTI, qui est une ancienne possession française, et qui a pour capitale *Port-au-Prince ;* — à l'E., la république DOMINICAINE, qui est une ancienne colonie espagnole, et dont la capitale est *Saint-Domingue*.

La **Jamaïque** appartient aux Anglais.

Puerto-Rico est aux Espagnols.

3° A l'E., se trouvent les **Petites Antilles**, qui forment une longue chaîne dirigée du N. au S. On les appelle quelquefois **îles Caraïbes**, à cause des peuples de ce nom qui les habitaient anciennement ; souvent aussi on les nomme **îles du Vent**, parce qu'elles sont exposées aux vents alizés ou vents de l'E., qui soufflent constamment dans ces parages. — La plupart de ces îles sont très-fertiles et d'un bel aspect ; on y récolte surtout du sucre, du café et du coton.

Les plus importantes sont la *Guadeloupe* et la *Martinique*, qui appartiennent à la France ; — *Antigoa*, la *Dominique*, *Sainte-Lucie*, *Saint-Vincent*, la *Barbade*, la *Grenade*, *Tabago* et la *Trinité*, qui dépendent de l'Angleterre.

4° Au S., on remarque les **îles sous le Vent**, très-voisines de l'Amérique méridionale ; les principales sont la *Marguerite*, au Vénézuéla, et *Curaçao*, aux Hollandais.

Vue générale de la Havane.

POPULATION DE L'AMÉRIQUE.

La population de l'Amérique est de 75 à 80 millions d'habitants; c'est la partie du monde la moins peuplée en proportion de l'étendue.

Une grande partie de cette population est d'origine européenne : ce sont surtout les *Espagnols*, les *Français*, les *Anglais* et les *Portugais* qui ont conquis et peuplé le nouveau monde.

Il y a aussi en Amérique beaucoup de *nègres*, d'origine africaine ; quelques-uns sont encore esclaves, dans les colonies espagnoles, mais la plupart sont libres.

On nomme *mulâtres* les personnes qui sont nées de blancs et de nègres, et *quarterons* celles qui sont nées de blancs et de mulâtres. On donne le nom de *gens de couleur* aux nègres, aux mulâtres, aux quarterons et à tous ceux enfin qui ont plus ou moins de sang nègre.

Les indigènes américains sont appelés *Indiens*, parce qu'à l'époque de la découverte de l'Amérique on les prit pour les îles de l'Inde les plus avancées vers l'E. Ces indigènes sont en général grands et bien proportionnés. Ils ont la peau d'un rouge de cuivre ou d'un jaune rougeâtre, quelquefois d'un brun olivâtre ; ils ont les cheveux noirs, lisses et durs, et peu de barbe. La plupart ne composent que de petites peuplades sauvages et plongées dans les superstitions du fétichisme.

Le christianisme est répandu chez les autres populations de l'Amérique.

PRINCIPAUX OBJETS D'ÉCHANGE AVEC L'EUROPE.

L'Amérique fournit à l'Europe :

Productions naturelles. — Or, argent, platine, fer, mercure, cuivre, plomb, cobalt, antimoine, nickel, soufre, salpêtre ; diamants, émeraudes, topazes, tourmalines, obsidienne ; pétrole, anthracite, houille, glace.

Froment, riz, maïs, sucre brut, café, cacao, manioc ; oranges, citrons, grenades, ananas, ignames, patates douces, piment, sapotes, goyaves, bananes, maté (thé du Paraguay), arrow-root, vanille, cannelle, girofle et autres épices. (De l'Amérique est sortie la pomme de terre.)

Quinquina, ipécacuanha, jalap, gaïac, copahu, sang-dragon, salsepareille, baume de Tolu, et beaucoup d'autres plantes médicinales.

Coton, agavé, caoutchouc, diverses plantes à nattes; bois de Campêche, brésil ou brésillet; orseille, fustet, indigo, et autres plantes à teinture.

Bois d'acajou, de palissandre, d'ébène, d'érable, de chêne, de cèdre, de sapin, de pin, et autres bois de construction et d'ébénisterie. Cire de palmier; tabac.

Bœufs, chevaux, porcs, moutons, lamas; viandes séchées, produits de la pêche de la morue, du hareng, de la baleine, du narval, des phoques, des morses; peaux de bœuf, de bison, d'ours, de castor, de martre, de rat musqué, de loutre, de loup, d'ours, de lynx, de chinchilla, etc.; maroquins, laines de vigogne, d'alpaca et de mouton, plumes d'autruche, cochenille du nopal, tortues et écailles de tortue, perles et nacre de perles, guano. L'Amérique a fourni primitivement le dindon et le canard musqué.

Produits fabriqués.—Farines; étoffes de coton et de laine, chapeaux panamas, nattes, tapis; bougies stéariques, savons; rhum, curaçao et autres liqueurs; machines à coudre, machines à vapeur, machines agricoles; papiers, métaux travaillés, bois travaillés; cuirs, chaussures, poteries.

L'Amérique reçoit de l'Europe :

Soieries, lainages, tissus de coton, vêtements confectionnés; vins et liqueurs, farines, conserves; quincaillerie, bijouterie, horlogerie; parfumerie, meubles, objets de luxe et de modes, mercerie, éventails, tabletterie; bronzes, chaussures, porcelaine, verres et cristaux, faïence; ouvrages de peau et de cuir; papeterie, librairie, instruments de science; papiers peints, produits chimiques, chapellerie; machines, armes, houille.

VIII

OCÉANIE

—

SITUATION ET GRANDES DIVISIONS DE L'OCÉANIE.

L'OCÉANIE, appelée aussi *Monde Maritime*, est située au S. E. de l'Asie et à l'O. de l'Amérique ; elle se compose du continent de l'Australie et d'un grand nombre d'îles.

Toutes ces terres sont répandues dans le grand Océan, ou entre cet océan et l'océan Indien.

C'est la partie du monde qui embrasse le plus vaste espace ; mais une étendue considérable de cet espace est occupée par la mer. En réalité, la surface des terres de l'Océanie égale à peu près celle de l'Europe ; cependant la population y est bien moins considérable, car elle s'élève à peine à 35 millions d'habitants.

On partage l'Océanie en cinq divisions : la *Malaisie*, à l'O. ; — la *Mélanésie*, au S. O. ; — la *Micronésie*, au N. ; — la *Polynésie*, à l'E. ; — les *Terres antarctiques*, au S.

MALAISIE.

La *Malaisie* est ainsi appelée des Malais, qui en forment la population principale ; elle se nomme quelquefois aussi *Archipel Asiatique* ou *Archipel Indien*. L'équateur la traverse.

On y remarque cinq parties principales : les îles de la *Sonde*, l'île de *Bornéo*, l'île de *Célèbes*, les îles *Moluques* et les îles *Philippines*.

Les îles de la **Sonde** forment une longue chaîne dirigée du N. O. au S. E. — Les plus considérables sont *Sumatra*, *Java* et *Timor*. Les Hollandais ont d'importantes possessions dans ces îles, surtout à Java, qui est très-peuplée et très-riche en productions variées, comme le sucre, le coton, le café, le fruit à pain, etc. — C'est dans cette dernière île que se trouve BATAVIA, chef-lieu de leurs établissements dans l'Océanie.

Bornéo, située sous l'équateur et d'une forme presque ronde, est la plus grande île de la *Malaisie;* elle est partagée entre les chefs indigènes et les Hollandais. La ville principale de l'île est *Bornéo*, résidence d'un sultan. — Il y a dans ce pays de célèbres mines de diamants.

L'île de **Célèbes** est remarquable par sa forme très-irrégulière, par sa magnifique végétation et par ses mines d'or. Les Hollandais en possèdent une grande partie.

Les **Moluques**, ou **îles aux Épices**, appartiennent aussi en grande partie aux Hollandais. Elles produisent en abondance les clous de girofle et les muscades. Les principales sont *Gilolo*, *Céram* et *Amboine*.

Les îles **Philippines**, très-bel archipel, forment la partie la plus septentrionale de la *Malaisie.* Les principales de ces îles, presque entièrement au pouvoir des Espagnols, sont *Luçon* et *Mindanao*. — MANILLE, dans l'île de Luçon, est la capitale e leur colonie des Philippines.

MÉLANÉSIE.

Le nom de *Mélanésie* indique que la population de cette partie de l'Océanie est composée de *noirs*.

La terre principale de la Mélanésie est l'**Australie ou Nouvelle-Hollande**. Elle forme un continent long de 4500 kilomètres et large de 2000; son étendue peut être comparée aux trois quarts de l'Europe.

Elle appartient à l'Angleterre.

Il y a sur la côte N. le golfe de *Carpentarie*.

Le cap *York* est le point le plus septentrional de l'Australie, et le cap *Wilson*, le point le plus méridional.

On remarque, à l'E. et au S. E., les montagnes *Bleues* et les *Alpes Australiennes;* au S., le fleuve *Murray* et les lacs *Eyre* et *Torrens*; au N., le fleuve *Victoria*.

On ne connaît presque pas l'intérieur du pays.

Les régions les plus importantes de ce continent sont :

1° La *Nouvelle-Galles méridionale*, dont la capitale est SYDNEY.

2° La province de *Victoria*, la plus favorisée par la douceur du climat, et la plus peuplée par les colons européens ; elle possède de très-riches mines d'or et des cultures florissantes. Elle a pour capitale MELBOURNE, la plus grande ville de l'Australie.

Nouvelle-Calédonie.

3° Le *Queensland*, capitale BRISBANE.

4° L'*Australie du sud*, dont la capitale est ADÉLAÏDE.

5° L'*Australie de l'ouest*, capitale PERTH.

L'Australie a un climat salubre et tempéré ; les productions de l'Europe, entre autres le blé, la vigne, les chevaux, les bœufs et les moutons, y réussissent parfaitement.

Les indigènes sont de misérables populations noires, divisées en familles éparses, tout à fait sauvages.

Au S. E. de l'Australie, est la grande île de **Tasmanie** ou de **Diemen**, qui appartient aussi aux Anglais.

La **Nouvelle-Guinée**, ou **Terre des Papous**, est une belle et grande île, située au N. de l'Australie, dont elle est séparée par le détroit de *Torrès;* les Hollandais en possèdent une partie. — Elle se termine, au S. E., par la *Louisiade*, qui se compose d'une longue presqu'île accompagnée d'îles.

Près et à l'E. de la Nouvelle-Guinée, est l'archipel de la **Nouvelle-Bretagne**.

Dans la partie la plus orientale de la Mélanésie, on trouve les îles **Salomon;** — l'archipel de **Santa-Cruz** ou de la **Pérouse**, où le grand navigateur de ce nom a péri par un naufrage; — les **Nouvelles-Hébrides** ou l'archipel du **Saint-Esprit;** — la **Nouvelle-Calédonie**, que la **France** possède; — les îles **Viti** ou **Fidji**.

Toutes les terres de la Mélanésie sont **environnées** de récifs dangereux, formés de corail.

MICRONÉSIE.

Dans le nord de l'Océanie, se trouve la *Micronésie*, dont le nom signifie *petites îles*.

Cette division comprend six archipels :

Au N., l'archipel de **Magellan**.

Au milieu, les îles **Mariannes**, autrefois îles des *Larrons*, formant une longue chaîne, alignée du N. au S.; elles appartiennent aux Espagnols.

Au S., les îles **Palaos** et les îles **Carolines**.

A l'E., les archipels **Marshall** et **Gilbert**.

POLYNÉSIE.

La partie orientale de l'Océanie forme la *Polynésie*, dont le nom veut dire *beaucoup d'îles*.

Cette division est traversée par l'équateur. Elle ne renferme qu'un seul archipel au N. de ce cercle : c'est l'archipel **Sandwich** ou **Havaii**, dont l'île principale s'appelle aussi

Havaïi. Les habitants de ces îles sont aujourd'hui chrétiens et assez avancés dans la civilisation.

Au sud de l'équateur, on remarque :

Les îles **Samoa** ou des **Navigateurs**.

Les îles **Tonga** ou des **Amis**.

Les îles **Mamaïa**, de **Cook** ou d'**Hervey**.

Les îles **Tahiti** ou de la **Société**, dont la principale est *Tahiti*, soumise au protectorat de la France, ainsi qu'une autre île de l'archipel.

Les îles de **Touboual**, dont deux reconnaissent aussi ce protectorat.

L'archipel **Touamotou** ou des **îles Basses**, parsemé de beaucoup de récifs très-dangereux, et dont font partie les îles *Gambier* ou *Mangaréva*. Il est sous le protectorat de la France.

L'archipel de **Mendaña** ou des **îles Marquises**, qui appartient à la France, et dont l'une des principales îles est *Noukakiva*.

L'île de **Pâques**, située dans la partie la plus orientale de l'Océanie.

La **Nouvelle-Zélande**, importante possession anglaise, composée de trois îles principales, dont les deux plus grandes sont séparées l'une de l'autre par le détroit de Cook. *Auckland* et *Wellington* sont les villes principales de cette colonie, qui a de riches mines d'or, et où la civilisation européenne a fait des progrès remarquables, malgré la résistance courageuse des indigènes.

L'archipel **Chatham** ou **Broughton**, aux Anglais ; l'archipel **Auckland**, à la même nation.

L'archipel **Macquarie**, autre possession anglaise.

Au S. E. de la Nouvelle-Zélande, on trouve, dans la mer, les *antipodes* de Paris, c'est-à-dire le point absolument opposé à Paris.

TERRES ANTARCTIQUES DE L'OCÉANIE.

On rattache à l'Océanie, dans l'océan Glacial du Sud, quelques *régions antarctiques*, couvertes de glaces et de neiges : ce sont principalement les *Terres Adélie* et *Victoria*.

POPULATION DE L'OCÉANIE.

Les 35 millions d'habitants de l'Océanie se composent, à l'O., de *Malais;* — au N. et à l'E., dans la Micronésie et la Polynésie, de peuples de couleur brunâtre et bien conformés, composant la *race polynésienne;* — au S., dans la Mélanésie, de *noirs,* assez différents des nègres de l'Afrique, surtout par leur chevelure, qui n'est pas laineuse, mais plutôt en forme de brosse, et par leur nez plutôt anguleux qu'épaté. — Il y a un assez grand nombre de *blancs* (Européens) dans la Malaisie, l'Australie, la Tasmanie, la Nouvelle-Zélande, la Nouvelle-Calédonie, les îles Tahiti et les îles Havaï.

Beaucoup de populations de l'Océanie sont tout à fait sauvages. Mais plusieurs sont intelligentes et propres à recevoir la civilisation, qui est assez avancée dans quelques îles; dans d'autres, les mœurs sont féroces, et il y a plusieurs peuplades anthropophages. Les Polynésiens se couvrent la peau d'un tatouage curieux.

La religion musulmane domine parmi les indigènes de la Malaisie; ceux des autres parties sont fétichistes ou chrétiens.

PRINCIPAUX OBJETS D'ÉCHANGE AVEC L'EUROPE.

L'Océanie ne fournit à peu près à l'Europe que des *productions naturelles,* dont voici les principales :

Or, argent, cuivre, fer, étain, diamants (de Bornéo).

Riz, sagou, café, sucre brut, bananes, ananas, mangues, fruit à pain, cocos, choux-palmistes et autres produits des palmiers; poivre, muscade, girofle et autres épices; thé, myrte à thé; gingembre, camphre, sang-dragon, strychnos, et autres plantes médicinales. — Coton, phormium, indigo, gutta-percha. Ébène, eucalyptus, bambous, sandal, et autres bois de construction, d'ébénisterie ou odoriférants. Tabac.

Bœufs, moutons et chevaux de l'Australie; — laine renommée du même pays. Tortues et écailles de tortue; produits de la pêche de la baleine et du cachalot; ivoire, nids d'hirondelle.

L'Océanie reçoit d'Europe : soieries, tissus de laine et de coton, vêtements confectionnés ; métaux ouvrés, armes, poterie, verrerie ; vins et liqueurs, sucre raffiné ; bijouterie, horlogerie, meubles, articles de Paris (objets de luxe et de modes, passementerie, éventails, etc.).

EUROPE

GÉOGRAPHIE PHYSIQUE

—

IX

LIMITES, MERS, GOLFES, DÉTROITS.

L'EUROPE, placée dans le N. O. de l'ancien continent, est à l'O. de l'Asie et au N. de l'Afrique, et s'étend du 35ᵉ au 71ᵉ degré de latitude N. (sans la Nouvelle-Zemble et le Spitzberg).

Elle compose une grande presqu'île d'une forme très-irrégulière, allongée du N. E. au S. O., s'amincissant dans cette dernière direction, et tenant au reste du continent par deux côtés : à l'E., par le territoire sur lequel se trouvent les monts *Ourals* et le fleuve *Oural*, et qui s'étend entre la mer Caspienne et l'océan Glacial arctique ; au S. E., par l'isthme du mont *Caucase*, entre la mer Caspienne et la mer Noire.

Dans toutes les autres directions, l'Europe est entourée par la mer.

Au N., elle est bornée par l'océan *Glacial arctique ;* à l'O., par l'océan *Atlantique ;* au S., par la *Méditerranée.*

La mer *Caspienne* est, au S. E., une assez grande partie de sa limite.

L'océan Glacial arctique forme la mer de *Kara* et la mer *Blanche.*

L'océan Atlantique forme la mer *Baltique*, le *Cattégat*, la mer du *Nord*, la *Manche*, la mer d'*Irlande* et la mer de *France*, appelée aussi golfe de *Gascogne* ou mer de *Biscaye.* — On remarque, dans la mer Baltique, les golfes de *Botnie*, de *Finlande* et de *Livonie.*

Dans la mer du Nord, est le golfe de *Zuyder-zee.* — Au

S. O. de la Grande-Bretagne, se trouve celui qu'on appelle *canal de Bristol*.

La mer Méditerranée comprend la mer *Tyrrhénienne*, la mer *Adriatique*, la mer *Ionienne*, l'*Archipel* (anciennement mer *Égée*), la mer de *Marmara*, la mer *Noire* (anciennement Pont-Euxin) et la mer d'*Azov*. — On distingue, dans la Méditerranée, les golfes du *Lion* et de *Gênes ;* dans la mer Ionienne, les golfes de *Tarente* et de *Lépante ;* et dans l'archipel, le golfe de *Salonique*.

On passe de la mer Baltique dans la mer du Nord par les détroits du *Sund*, du *Grand Belt* et du *Petit Belt*, par le *Cattégat* et par le détroit du *Skager-Rack*.

On passe de la mer du Nord dans la Manche par le détroit qu'on nomme *Pas de Calais*.

La mer d'Irlande communique avec l'océan Atlantique par le canal du *Nord* et le canal *Saint-George*.

On entre de l'océan Atlantique dans la Méditerranée par le détroit de *Gibraltar*.

On passe de la mer Tyrrhénienne dans la mer Ionienne par le détroit appelé *Phare de Messine*, entre l'Italie et la Sicile.

On passe de la mer Adriatique dans la mer Ionienne par le canal d'*Otrante ;* — de l'Archipel dans la mer de Marmara, par le détroit des *Dardanelles* (anciennement *Hellespont*) ; — de la mer de Marmara dans la mer Noire, par le canal de *Constantinople* (anciennement *Bosphore de Thrace*); — et de la mer Noire dans la mer d'Azov, par le détroit d'*Iénikalé* ou de *Kertch* (anciennement *Bosphore Cimmérien*).

PRESQU'ÎLES, ISTHMES, ÎLES ET CAPS.

Les côtes de l'Europe sont très-irrégulières, et forment beaucoup de presqu'îles.

Au N., on remarque la péninsule *Scandinave* et la péninsule *Cimbrique*, qui s'avancent l'une en face de l'autre, à l'O. de la mer Baltique. La première est jointe au continent, vers le N. E., par l'isthme de *Laponie*. Le N. de la péninsule Cimbrique forme la presqu'île de *Jutland*.

A l'extrémité S. O. de l'Europe, est la péninsule *Hispanique*, qui tient à la France par l'isthme des *Pyrénées*.

Au S., on voit la péninsule d'*Italie*, qui a grossièrement la forme d'une botte, et qui se termine au S. par les presqu'îles de *Calabre* et d'*Otrante*.

On trouve encore au S. la péninsule *Turco-Hellénique*, dont l'extrémité méridionale est la presqu'île de *Morée*, appelée anciennement *Péloponnèse* et jointe au continent par l'isthme de *Corinthe*.

Au S. E., entre la mer d'Azov et la mer Noire, est renfermée la presqu'île de *Crimée*, jointe au continent par l'isthme de *Pérékop*.

Il y a en Europe un grand nombre d'îles :

Dans l'océan Glacial, on voit la *Nouvelle-Zemble*, pays peu connu, très-froid et inhabité. — On remarque dans le même océan les îles de *Vaïgatch* et de *Kolgouev*.

Sur la côte N. O. de la péninsule Scandinave, on rencontre les îles *Lofoden*.

Dans l'Atlantique, vers le N. O. de l'Europe, se trouve la *Grande-Bretagne*, qui est l'île la plus considérable de cette partie du monde. — Un peu à l'O., est l'*Irlande*.

A côté de ces deux îles, sont les groupes des *Hébrides*, des *Orcades* et de *Shetland*, et les îles de *Man*, d'*Anglesey* et de *Wight*, qui composent, avec la Grande-Bretagne et l'Irlande, l'archipel des îles *Britanniques*.

Dans la Manche, sont les îles *Anglo-Normandes*, dont la plus grande est *Jersey*.

Loin dans le N. O., on voit les îles *Færœer*, et enfin l'*Islande*, grande île très-froide, plus voisine de l'Amérique que de l'Europe.

A une grande distance au N. de la péninsule Scandinave, se rencontre l'archipel glacial et inhabité du *Spitzberg*, qu'on peut rattacher à l'Europe, quoiqu'on le place quelquefois parmi les terres américaines.

Entre le Cattégat et la mer Baltique, se trouve l'archipel *Danois*, dont les principales îles sont *Seeland* et *Fionie*.

Dans la mer Baltique, sont les îles suédoises d'*OEland* et de *Gottland*, et les îles russes d'*Aland*, de *Dago* et d'*OEsel*.

Dans la Méditerranée, on remarque, à l'E. de la péninsule hispanique, les îles *Baléares*, dont les trois plus grandes sont *Majorque*, *Minorque* et *Ivice*.

Près de l'Italie, sont les grandes îles de *Sicile*, de *Sardaigne* et de *Corse*, les îles *Lipari*, l'île d'*Elbe* et celle de *Malte*.

Dans la partie orientale de la mer Adriatique, est l'archipel *Dalmate-Illyrien*.

Près et à l'O. de la péninsule Turco-Hellénique, on remarque les îles *Ioniennes*, dont les principales sont *Corfou* et *Céphalonie*. A l'est de la même péninsule, on trouve dans l'Archipel un très-grand nombre d'îles, dont les plus importantes sont *Négrepont* et les *Cyclades*; au S. E., est *Candie* (anciennement *Crète*), qui est la terre la plus méridionale de l'Europe.

Le cap le plus septentrional de l'Europe continentale est le *Nordkyn*, dans la Scandinavie ; mais, plus au N. encore, dans une des îles Lofoden, on voit le cap *Nord*.

A l'extrémité S. O. de la Grande-Bretagne, est le cap *Land's End* ou *Finisterre*. — A l'extrémité occidentale de la France, se trouve la pointe de *Corsen*, dans le département du *Finisterre*. — A l'extrémité N. O. de la péninsule Hispanique, on voit le cap nommé aussi *Finisterre*. — Vers l'extrémité S. O. de cette péninsule, est le cap *Saint-Vincent*. — La pointe de *Tarifa* et le promontoire de *Gibraltar* se trouvent à l'extrémité S. de la même péninsule, et sont les points les plus méridionaux de la partie continentale de l'Europe.

A l'extrémité S. de la Morée, on remarque le cap *Matapan*.

ÉTENDUE DE L'EUROPE.

L'Europe a environ 5300 kilomètres de longueur, du N. E. au S. O., depuis l'embouchure de la rivière Kara dans la mer de même nom, jusqu'au cap Saint-Vincent; elle a 4000 kilomètres de largeur, du cap Nord au cap Matapan.

X

ASPECT GÉNÉRAL DU SOL,
GRANDE LIGNE DE PARTAGE DES EAUX, MONTAGNES.

Les plus hautes montagnes sont vers le centre et le sud ; les pays de l'E., et ceux qui bornent la mer du Nord et la Baltique, sont composés de grandes plaines.

L'Europe est divisée en deux versants : celui du N. et du N. O., incliné vers l'océan Glacial et l'océan Atlantique ; et celui du S. et du S. E., incliné vers la mer Méditerranée et a mer Caspienne.

Les deux versants sont séparés l'un de l'autre par une longue arête, qui s'étend du N. E. au S. O., depuis la frontière de l'Asie jusqu'au détroit de Gibraltar. Cette arête n'est pas toujours composée de montagnes ; mais elle en rencontre souvent d'importantes : elle passe successivement par les monts *Ourals*, les monts *Valdaï*, les *Carpathes*, les *Sudètes*, les monts *Moraves*, les montagnes de la *Forêt de Bohême*, les montagnes des *Pins*, le *Jura franconien*, les *Alpes Rudes* ou *Jura de Souabe*, les montagnes de la *Forêt Noire*, les *Alpes centrales*, le *Jura*, les *Cévennes*, les *Pyrénées* et les monts *Ibériques* (terminés au sud par la *Sierra Nevada*).

Les arêtes secondaires les plus remarquables qui se rattachent à cette arête principale sont :

Vers le nord, l'arête qui passe par les monts *Olonetz* et les monts *Dofrines*, entoure, au N. E., au N. et à l'O., le bassin de la mer Baltique, et vient se terminer dans le S. O. de la péninsule Scandinave ; — les *Vosges* et les *Ardennes*, qui s'étendent sur le versant de la mer du Nord et entre ce versant et celui de la Manche.

Vers le sud, la chaîne des *Alpes occidentales* et des monts *Apennins*, qui entoure au N. et parcourt ensuite la péninsule de l'Italie ; — celle des *Alpes orientales*, qui se divise en deux rameaux, l'un prolongé à l'est vers la mer Noire, sous le nom de *Balkan*, l'autre dirigé vers le sud jusque dans la Morée, sous le nom de chaîne *Hellénique* ; — enfin celle des collines du *Volga*, qui va se rattacher au *Caucase*.

Dans les îles, on remarque surtout les montagnes de la *Corse*, et les monts *Grampiens*, dans le nord de la Grande-Bretagne.

Mont Blanc.

La plus haute de toutes ces chaînes est le *Caucase*, dont le point culminant est l'Elbrouz (5600ᵐ). Viennent ensuite les *Alpes*, dont le sommet le plus élevé est le mont Blanc (4810ᵐ); la *Sierra Nevada* (4000ᵐ), les *Pyrénées* (3500ᵐ), le *Balkan* (3000ᵐ), les *Apennins* (2900ᵐ), les *Carpathes* (2700ᵐ), les montagnes de la *Corse* (2700ᵐ).

Les principaux volcans de l'Europe sont l'*Etna*, en Sicile, le *Vésuve*, dans la péninsule Italique, et le *Stromboli*, dans une des îles Lipari. Tout le voisinage de la Méditerranée est le centre de grands mouvements volcaniques, et les tremblements de terre y sont fréquents.

XI

FLEUVES PRINCIPAUX.

Fleuves du versant de l'océan Glacial et de l'océan Atlantique.

La *Petchora* se jette immédiatement dans l'océan Glacial.

La *Dvina septentrionale* tombe dans la mer Blanche.

Le *Torneå*[1], le *Luleå*, célèbre par une magnifique cataracte, et le *Dal-elf*, se jettent dans le golfe de Botnie.

La *Néva* se jette dans le golfe de Finlande ; — la *Dvina méridionale*, dans le golfe de Riga ou de Livonie.

Trois fleuves se rendent dans la mer Baltique, vers le S. : ce sont le *Niémen*, la *Vistule* et l'*Oder*.

L'*Elbe* et le *Weser* se jettent dans la mer du Nord par de larges embouchures.

Le *Rhin*, qui se rend aussi dans cette mer, a un cours beaucoup plus long que les fleuves précédents ; il se divise, dans sa partie inférieure, en plusieurs bras, dont quelques-uns se jettent dans le Zuyder-zee. Ce grand fleuve a pour affluents principaux le *Main* et la *Moselle*.

La *Meuse* reçoit quelques branches du Rhin, et tombe dans la mer du Nord par plusieurs embouchures.

L'*Escaut* a deux embouchures très-larges, près de celles de la Meuse.

La *Tamise*, l'*Humber* et le *Forth*, dans la Grande-Bretagne, sont d'autres tributaires de la mer du Nord.

La *Saverne* ou *Severn*, dans la Grande-Bretagne, se jette dans l'Océan par le canal de Bristol.

La *Seine* est le seul fleuve important qui se jette dans la Manche.

La *Loire* et la *Gironde* (nommée *Garonne* dans son cours supérieur) sont les principaux tributaires de la mer de France.

Le *Shannon*, dans l'Irlande, et le *Minho*, le *Douro* ou *Duero*, le *Tage*, la *Guadiana*, le *Guadalquivir*, dans la pé-

---

1. Cette lettre *å*, qui appartient à la langue suédoise, se prononce comme un *o* bref.

ninsule Hispanique, sont les fleuves principaux qui vont se jeter directement dans l'océan Atlantique.

Fleuves du versant de la Méditerranée et de la mer Caspienne.

L'*Èbre* coule dans la péninsule Hispanique, et se rend directement dans la Méditerranée.

Le *Rhône* se jette dans le golfe du Lion.

L'*Arno* arrose l'Italie, et tombe directement dans la Méditerranée.

Le *Tibre* ou *Tevere*, en Italie, se jette dans la mer Tyrrhénienne.

Le *Pô* et l'*Adige* se jettent dans la partie N. O. de la mer Adriatique.

La *Maritza* est le seul tributaire remarquable de l'Archipel.

Le *Danube* se jette dans la mer Noire par plusieurs embouchures, après un cours de 3000 kilomètres. Il reçoit l'*Inn*, la *Theiss* et la *Save*.

Le *Dniestr* et le *Dniepr* se jettent aussi dans la mer Noire.

La mer d'Azov, qui n'est qu'une espèce de golfe de la mer Noire, reçoit le *Don*.

Le *Volga* se jette dans la mer Caspienne par beaucoup d'embouchures. Ce fleuve, le plus grand de l'Europe, a un cours de 3500 kilomètres.

L'*Oural* ou *Iaïk*, qui forme une partie de la limite entre l'Europe et l'Asie, se jette dans la même mer.

LACS.

Le lac *Ladoga*, le plus grand de l'Europe, verse ses eaux dans le golfe de Finlande par la Néva.

Les lacs *Onéga* et *Ilmen* versent les leurs dans le lac Ladoga.

Le lac *Peïpous* s'écoule directement dans le golfe de Finlande.

Les lacs *Mœlar* et *Vetter*, dans la péninsule Scandinave, communiquent avec la mer Baltique.

Le lac *Vener*, dans la même péninsule, s'écoule dans le Cattégat.

Le lac de *Constance* est formé par le Rhin ; — les lacs de *Zürich*, de *Lucerne* et de *Neuchâtel* versent leurs eaux dans le même fleuve.

Le lac de *Genève* est formé par le Rhône.

Le lac *Majeur* et les lacs de *Côme* et de *Garde* s'écoulent dans le Pô.

Le lac *Balaton*, au centre de l'Europe, verse ses eaux dans le Danube.

GÉOGRAPHIE POLITIQUE.

XII

CONTRÉES ET VILLES PRINCIPALES.

Les pays de l'Europe peuvent être classés en trois régions : 1° les pays placés entièrement sur le versant du nord et du nord-ouest de l'océan Atlantique et de l'océan Glacial ; 2° les pays du milieu, situés à la fois sur les deux grands versants de l'Europe ; 3° les pays du sud, situés sur le versant méridional seulement.

Pays du versant de l'océan Atlantique et de l'océan Glacial.

Cette région comprend six divisions : les *Iles Britan-niques*, la *Belgique*, les *Pays-Bas*, le grand-duché de *Luxembourg*, le *Danemark* et la *monarchie Scandinave*.

Le royaume des ILES BRITANNIQUES, ou ROYAUME-UNI de GRANDE-BRETAGNE et d'IRLANDE, se compose principalement de la Grande-Bretagne, de l'Irlande, des groupes des Hébrides, des Orcades et de Shetland, des îles de Man, d'Anglesey et de Wight ; il est situé entre la mer du Nord, l'océan Atlantique et la Manche.

La Grande-Bretagne renferme trois pays principaux : l'*An-gleterre*, le *pays de Galles* et l'*Écosse*. — La capitale de tout le Royaume-Uni est LONDRES, dans le sud-est de l'île, sur la Tamise, avec le port le plus fréquenté du monde, près de la mer du Nord. — Autres villes importantes : au N., *Manchester*, centre de l'industrie du coton ; *Liverpool*, grand port de commerce ; *Leeds*, ville industrielle ; *York*, ville très-

ancienne; — au milieu, *Birmingham*, pleine de manufactures; — au S., *Portsmouth*, *Plymouth* et *Bristol*, ports
fameux.

La ville la plus considérable du pays de Galles est *Mer-
thyr-Tydvil*.

L'Écosse a pour capitale *Édimbourg*, près du Forth; mais
la plus grande ville est *Glasgow*, port sur la Clyde.

La capitale de l'Irlande est *Dublin*, sur la mer d'Irlande;
les villes principales ensuite sont *Belfast*, au N., *Cork* et
Limerick, au S.; toutes trois ports très-commerçants.

Du royaume Britannique dépendent les îles *Anglo-Normandes*, situées dans la Manche et dont les principales sont
Jersey et *Guernesey*.

La BELGIQUE et les PAYS-BAS sont deux petits royaumes
situés sur la côte méridionale de la mer du Nord, vers le
cours inférieur de l'Escaut, de la Meuse et du Rhin. — La
Belgique a pour capitale BRUXELLES, au centre du royaume,
et pour autres villes principales : *Anvers*, port sur l'Escaut,
Gand, *Bruges*, *Liége*. — Les Pays-Bas, qu'on appelle aussi
Néderlande, *Néerlande* ou *Hollande*, ont pour capitale
AMSTERDAM, un des premiers ports de l'Europe, sur le Zuyder-zee; mais *la Haye* est la résidence du roi. *Rotterdam*
est une autre grande ville et un port commerçant de cet État,
sur la Meuse.

Le grand-duché de LUXEMBOURG est un petit État qui appartient au roi des Pays-Bas, sans faire partie du royaume
Néderlandais; il est dans le bassin de la Moselle, entre la Belgique, la France et la Prusse, et a pour capitale LUXEM-
BOURG.

Le royaume de DANEMARK est formé : 1º des îles Danoises,
situées entre le Cattégat et la Baltique, et dont les principales
sont *Seeland* et *Fionie*; 2º de la partie nord de la péninsule Cimbrique, c'est-dire du *Jutland*. — La capitale est
COPENHAGUE, port très-bien situé, dans l'île de Seeland, sur
le Sund. — Du Danemark dépendent les îles *Færœer* et
l'*Islande*, grande île très-froide, rattachée à l'Amérique par
sa situation et couverte de montagnes volcaniques, dont la
plus célèbre est le mont Hékla.

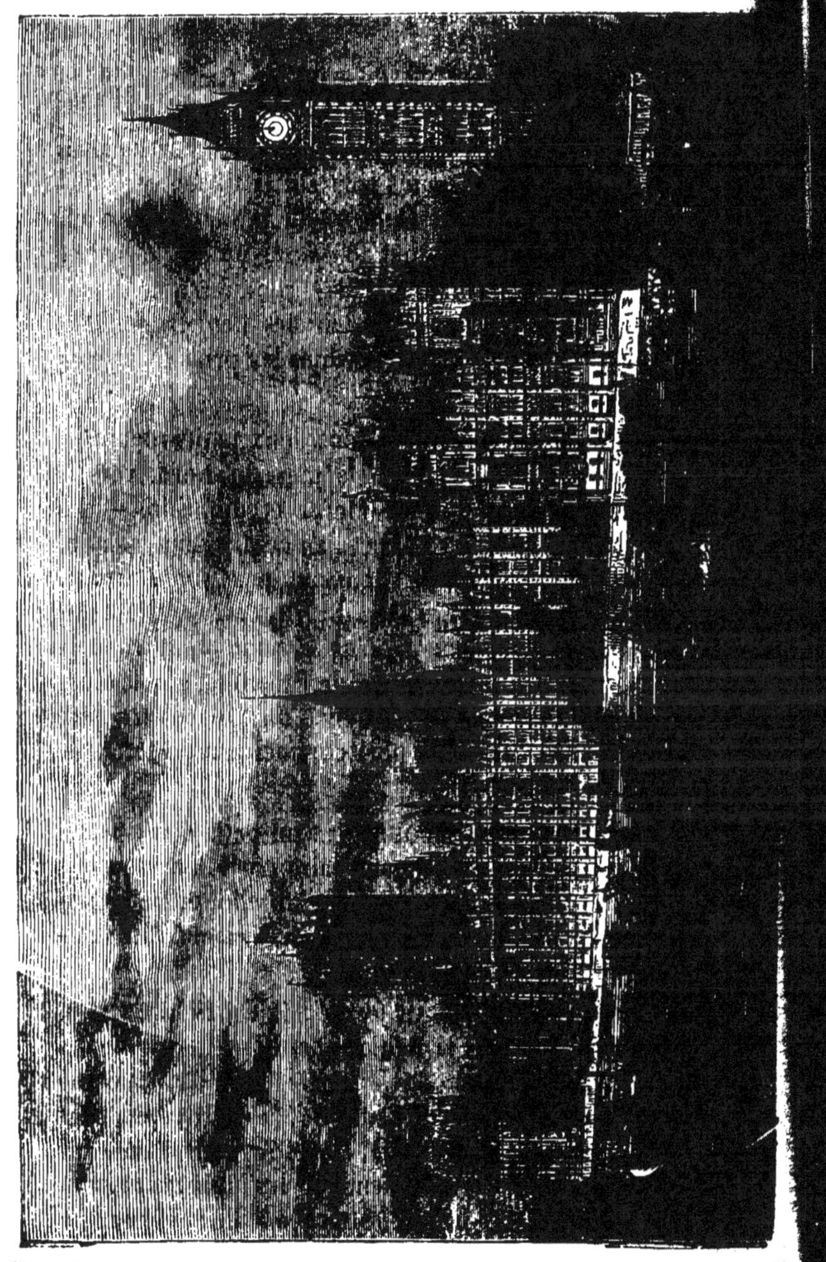

La MONARCHIE SCANDINAVE se compose de la péninsule Scandinave, et comprend deux grands pays : 1° la SUÈDE, dont la capitale est STOCKHOLM, résidence du roi de toute la monarchie, et premier port du royaume, sur le détroit qui unit le lac Mælar à la mer Baltique; autre ville, *Gothembourg*, port très-commerçant; — 2° la NORVÉGE, capitale CHRISTIANIA, port sur le golfe de même nom, formé par le Cattegat; seconde ville, *Bergen*. — Dans le N. de la Suède et la Norvége, habitent les *Lapons*, qui se trouvent aussi en Russie.

s'étendant à la fois sur les deux grands versants de l'Europe.

Cette région renferme la *Russie*, l'empire *Austro-Hongrois*, l'*Allemagne*, la *Suisse*, la *France* et la *péninsule Hispa-*

La RUSSIE s'étend dans l'E. de l'Europe, depuis l'océan Glacial jusqu'à la mer Noire, et depuis la mer Baltique jusqu'à la mer Caspienne; elle est plus grande que tout le reste de l'Europe. Ce n'est cependant qu'une partie du vaste empire russe, qui se prolonge aussi en Asie. — La capitale est SAINT-PÉTERSBOURG, à l'embouchure de la Néva dans le golfe de Finlande; fondée au commencement du dix-huitième siècle par Pierre le Grand, qui en choisit l'emplacement pour communiquer facilement par la mer avec les nations de l'Occident et en faire pénétrer la civilisation dans son empire. — Les autres villes les plus remarquables sont *Moscou*, ancienne capitale, au centre du pays; *Riga*, port très-important, vers l'embouchure de la Dvina méridionale; *Astrakhan*, vers l'embouchure du Volga ; *Odessa*, le premier port de la mer Noire; *Sébastopol*, port de la Crimée; *Arkhangel*, port vers l'embouchure de la Dvina septentrionale dans la mer Blanche.

La Russie possède, au N. O., le grand-duché de *Finlande*, dont la capitale est *Helsingfors*, et, à l'O., l'ancien royaume de *Pologne* (aujourd'hui tout à fait réuni à l'administration russe), capitale *Varsovie*, sur la Vistule.

L'EMPIRE AUSTRO-HONGROIS (c'est-à-dire d'Autriche et de Hongrie) est traversé par le Danube, baigné au S. par la mer Adriatique, et s'étend depuis la Vistule jusqu'au lac de Constance et au Rhin. Les Alpes le couvrent au S. O., et les monts

Carpathes, au N. et à l'E. C'est un assemblage de pays très-différents entre eux par le langage et les mœurs, et qui sont classés en deux parties principales : 1° la division *Cisleithane* (en deçà de la rivière Leitha, affluent du Danube), où domine l'influence allemande, et qui comprend l'*archiduché d'Autriche*, le *Salzbourg*, la *Bohême*, la *Moravie*, le duché de *Silésie*, le *Tyrol*, la *Styrie*, la *Carinthie*, la *Carniole*, le *Littoral Illyrien*, à l'O. ; la *Dalmatie*, au S., et la *Galicie*, au N. ; — 2° la division *Transleithane*, à l'E., où domine l'influence hongroise, et qui renferme la *Hongrie*, la *Croatie*, l'*Esclavonie*, la *Transylvanie*.

La capitale de l'empire est VIENNE, sur le Danube, dans l'archiduché d'Autriche, pays tout à fait allemand. — Autres villes importantes : *Prague*, dans la Bohême ; *Trieste*, port fameux du Littoral Illyrien ; *Pesth*, capitale de la Hongrie ; *Bude*, dans le même pays ; *Lemberg* et *Cracovie*, dans la Galicie.

Il y a dans cet empire une grande variété de peuples et de langues : à l'O., sont des *Allemands* ; au N. et au N. E., des *Slaves* ; au centre, des *Hongrois* ou *Magyars* ; à l'E., des *Roumains* ; et au S., encore des *Slaves*.

L'EMPIRE d'ALLEMAGNE, situé au centre de l'Europe, entre la mer Baltique, la mer du Nord, les Vosges, une partie du cours supérieur du Rhin, le lac de Constance et les branches les plus septentrionales des Alpes, est composé de vingt-six États, dont le principal est le royaume de PRUSSE. — Ce royaume s'étend considérablement de l'E. à l'O., vers la Baltique et la mer du Nord, et aux bords de la Vistule, de l'Oder, de l'Elbe, du Weser et du Rhin. Il s'avance, au N., jusqu'au milieu de la péninsule Cimbrique ; à l'E., jusqu'au delà du Niémen ; à l'O., au delà du Rhin ; au S. jusqu'au Main. Il se compose des provinces de *Prusse propre*, de *Posen*, de *Poméranie*, de *Brandebourg*, de *Silésie*, de *Saxe*, de *Westphalie*, du *Rhin*, de *Hesse-Nassau*, de *Hanovre* et de *Slesvig-Holstein*.

La capitale de la Prusse est BERLIN, capitale en même temps de tout l'empire d'Allemagne, sur la Sprée, dans le bassin de l'Elbe. Les villes principales ensuite son : *Kœnigs-*

berg, *Dantzig*, *Stettin*, ports de la Baltique; *Potsdam*, *Breslau*, *Magdebourg*, *Cologne*, *Coblentz*, *Aix-la-Chapelle*, *Francfort-sur-le-Main*, *Cassel*, *Hanovre*, *Altona*, port sur l'Elbe. — La plus grande partie de la population de la Prusse est *allemande;* cependant il y a, à l'E., un assez grand nombre de *Polonais* et de *Lettons*.

Les autres principaux États de l'Allemagne sont :

Le royaume de *Bavière*, l'État le plus méridional de l'empire, dans les bassins du Danube et du Rhin; capitale *Munich;* autres villes, *Nuremberg* et *Augsbourg ;* — le royaume de *Saxe*, capitale *Dresde*, sur l'Elbe ; autre ville, *Leipzig;* — le royaume de *Würtemberg*, capitale *Stuttgart;* — le grand-duché de *Bade*, capitale *Carlsruhe ;* — le grand-duché de *Hesse*, capitale *Darmstadt;* autre ville, *Mayence;* le gouvernement d'*Alsace-Lorraine,* enlevé à la France par le traité de 1871, capitale *Strasbourg ;* autres grandes villes, *Metz* et *Mulhouse;* — les quatre duchés de *Saxe*, les deux grands-duchés de *Mecklembourg ;* — le grand-duché d'*Oldenbourg;* — le duché de *Brunswick;* — la ville libre de *Hambourg*, grand port de commerce, sur l'Elbe, et celles de *Brême* et de *Lübeck*, ports très-commerçants, sur le Weser et vers la mer Baltique.

La SUISSE, située aussi au centre de l'Europe, se trouve entre les lacs de Constance et de Genève, dans les bassins du Rhin et du Rhône; les Alpes la couvrent au S. C'est une république, composée de 22 cantons confédérés. La capitale de cette confédération est BERNE, sur l'Aar, affluent du Rhin. Les autres villes importantes sont *Genève*, *Bâle*, *Zurich.*

La FRANCE s'étend dans l'O. de l'Europe, entre l'océan Atlantique, la Méditerranée, les Vosges, les Alpes et les Pyrénées. Elle forme une république, dont la capitale est PARIS, sur la Seine, dans le N. du pays. Les autres grandes villes sont : *Lyon*, *Marseille*, *Bordeaux*, *Lille*, *Toulouse*, *Nantes*, *Rouen*, *Saint-Étienne*, *Brest*, *Versailles,* siége actuel du gouvernement français.

La PÉNINSULE HISPANIQUE, située au S. O. de la France, entre l'océan Atlantique et la Méditerranée, comprend deux États : l'*Espagne* et le *Portugal.*

L'ESPAGNE occupe la plus grande partie de la péninsule. Les pays principaux qu'elle renferme sont : la *Galice*, le *royaume de Léon*, la *Vieille-Castille*, la *Nouvelle-Castille*, *les provinces Basques*, la *Navarre*, l'*Aragon*, la *Catalogne*, *le royaume de Valence*, *le royaume de Murcie*, l'*Andalousie*, l'*Estrémadure*. — MADRID, au centre du royaume, en est la capitale. Les autres villes les plus considérables sont : *Barcelone*, un des ports principaux de la Méditerranée ; *Saragosse*, *Valence*, *Grenade*, *Séville*, *Carthagène*, *Malaga*, deux ports sur la Méditerranée ; *Cadix*, un des ports les plus importants de l'Atlantique. — *Gibraltar*, place très-forte et port fameux, vers l'extrémité S. de l'Espagne, appartient à l'Angleterre.

Le PORTUGAL occupe la partie occidentale de la péninsule. La capitale est LISBONNE, port très-commerçant, vers l'embouchure du Tage ; autre ville principale, *O Porto*, port à l'embouchure du Douro.

La petite république d'ANDORRE, dans les Pyrénées, est sous la protection de la France et de l'Espagne. Elle a une capitale de même nom.

Pays du versant méridional.

Cette région comprend trois divisions : l'*Italie*, la *Turquie* (avec les *Principautés roumaines* et *slaves*), la *Grèce*.

L'ITALIE, qui s'étend entre les Alpes, la mer Adriatique, la mer Tyrrhénienne et la mer Ionienne, est composée, en très-grande partie, du ROYAUME D'ITALIE, où se trouvent le *Piémont*, la *Lombardie*, la *Vénétie*, l'*Émilie* (comprenant les anciens duchés de *Parme* et de *Modène*, et la *Romagne*), la *Toscane*, l'*Ombrie*, les *Marches*, le territoire *Romain* (ci-devant les États de l'Église, enlevés au Pape en 1870), le territoire *Napolitain*, la *Sicile* et l'île de *Sardaigne*.

ROME, sur le Tibre, est la capitale du royaume d'Italie, et c'est en même temps la résidence du Pape. — *Florence*, sur l'Arno, dans la Toscane, a été la capitale dans ces dernières années.

Autres villes importantes : *Livourne*, port célèbre ; *Pise* et *Lucques*, qui sont toutes trois aussi en Toscane ; — *Turin*, capitale du Piémont et ancienne capitale du royaume d'Italie,

sur le Pô; — *Alexandrie;* — *Gênes*, sur le golfe de même nom; —*Milan*, ancienne capitale de la Lombardie;—*Pavie;* — *Venise*, capitale de la Vénétie et port célèbre sur l'Adriatique; — *Padoue, Vérone, Mantoue;* — *Parme, Modène, Bologne, Ferrare, Ravenne;* — *Pérouse;* — *Ancône*, port de l'Adriatique; — *Naples*, capitale de l'ancien royaume de même nom et la ville la plus peuplée de l'Italie, sur la côte occidentale de laquelle elle se trouve; — *Palerme*, capitale de la Sicile, sur la côte N. de cette île; — *Messine* et *Catane*, sur la côte orientale de la même île; — *Cagliari*, capitale de la Sardaigne, sur la côte S. de cette île.

L'Italie renferme aussi la petite république de SAINT-MARIN, et l'île de MALTE, qui dépend de l'Angleterre.

LA TURQUIE D'EUROPE, comprise entre la mer Noire, l'Archipel, la mer Adriatique et les monts Carpathes, n'est qu'une partie de l'*empire Ottoman*, dont le reste se trouve en Asie et en Afrique.

Elle se divise en deux parties. L'une est la Turquie proprement dite, où l'on remarque la *Romélie*, la *Bulgarie*, la *Bosnie*, l'*Albanie* et la *Thessalie.* — L'autre partie comprend les Principautés roumaines et slaves, qui reconnaissent la suzeraineté de la Turquie; ce sont: 1º la ROUMANIE, ou les Principautés unies de VALACHIE et de MOLDAVIE; 2º la SERBIE; 3º le MONTÉNÉGRO.

La capitale de la Turquie est CONSTANTINOPLE, dans une situation admirable et avec un magnifique port, sur le détroit qui joint la mer de Marmara et la mer Noire. Les autres villes principales de la Turquie proprement dite sont *Andrinople, Salonique*, port de l'Archipel, dans la Romélie; *Sophia*, dans la Bulgarie.

Dans les Principautés roumaines et slaves, on remarque : *Boukharest*, capitale de la Valachie et de toute la Roumanie; *Jassy*, et *Galatz*, port très-commerçant sur le Danube, dans la Moldavie; — *Belgrade*, capitale de la Serbie, sur le Danube; — *Cettigne*, capitale du Monténégro.

L'île de *Candie* (anciennement *Crète*) dépend de la Turquie d'Europe.

La GRÈCE ou le ROYAUME HELLÉNIQUE, qui comprend :

au S., la presqu'île de Morée ; à l'E., les Cyclades et l'île d
Négrepont ; à l'O., les îles Ioniennes, est un petit royaum
situé entre l'Archipel et la mer Ionienne. La capitale es
ATHÈNES. — Les *îles Ioniennes* formaient, il y a peu d
temps, une petite république sous la protection de la Grande
Bretagne. Elles ont pour ville principale *Corfou*, dans l'île
de même nom.

XIII

POPULATION DE L'EUROPE. — COMPARAISON DES PRINCI-
PAUX ÉTATS ET DES PRINCIPALES VILLES. — FAMILLES
DE PEUPLES, RELIGIONS, GOUVERNEMENTS.

L'Europe contient 293 millions d'habitants.

La Russie d'Europe est la contrée qui renferme la plus
grande population : on y compte 70 millions d'habitants.
Tout l'empire russe en a 77 millions.

Viennent ensuite l'empire d'Allemagne, qui a 41 millions
d'habitants ; la France, peuplée de 36 millions et demi ;
puis l'Autriche-Hongrie, qui a 36 millions.

Les îles Britanniques n'ont en Europe que 30 millions
d'habitants ; mais il y en a 200 millions dans tout l'empire
Britannique, car cet empire comprend de grands territoires
en Asie, en Afrique, en Amérique et dans l'Océanie.

Le royaume d'Italie a 25 millions d'âmes.

Les parties où il y a le plus d'habitants sur une même
étendue de terrain, sont la Belgique, les îles Britanniques,
l'Italie, les Pays-Bas, l'Allemagne et la France.

Londres est la plus peuplée et la plus grande des capitales
de l'Europe. On y compte plus de 3 millions d'habitants.

Paris occupe le second rang par sa population, qui est d'à
peu près deux millions d'habitants.

Constantinople, Berlin, Saint-Pétersbourg et Vienne sont
ensuite les capitales qui ont la plus grande population.

Les peuples de l'Europe appartiennent surtout à trois
grandes familles, en considérant les *langues* qu'ils parlent :
1° au S. et au S. O., la famille *latine*, comprenant particulière-

ment les Français, les Belges, les Italiens, les Espagnols, les Portugais, les Roumains ; — 2° la famille *germanique* ou *saxonne*, comprenant les Allemands, les Hollandais, les Anglais, les Danois, les Suédois, les Norvégiens ; — 3° la famille *slave*, où se trouvent les Polonais, les Ruthènes, une grande partie des Russes, les Bohêmes, les Serbes, etc.

Il y a, de plus, la famille *finnoise*, dans le N. E. (les Hongrois vers le centre s'y rattachent) ; la famille *lettonne*, aussi dans le N. E. ; la famille *celtique*, dans l'O. ; la famille *basque* dans le S. O., et quelques autres familles moins importantes.

Les langues les plus répandues sont le français, l'anglais, l'allemand, l'italien, l'espagnol, le polonais, le russe.

La religion *chrétienne* est à peu près celle de toute l'Europe.

Le *catholicisme* domine au S., à l'O. et dans diverses régions centrales ; il règne surtout chez les nations latines.

Au N., au N. O. et dans une grande partie du centre, les *protestants* sont les plus nombreux ; ils appartiennent principalement aux nations germaniques.

La religion *grecque* est répandue à l'E. et au S. E. : elle réunit particulièrement les peuples slaves.

Les Turcs et quelques autres peuples de la Turquie et de la Russie sont *musulmans*.

Les *Juifs* ou *israélites* sont surtout nombreux en Pologne, en Allemagne et dans l'empire austro-hongrois.

Les *Bohémiens*, sortis probablement de l'Inde au moyen âge et qui errent à travers tous les pays d'Europe, sont encore *païens*.

Le gouvernement constitutionnel (consistant en une monarchie et des assemblées qui représentent la nation) règne dans la plupart des États de l'Europe. La Russie a la monarchie la plus absolue. La France et la Suisse sont les principales républiques.

GÉOGRAPHIE COMMERCIALE

XIV

CLIMAT. — PRINCIPALES PRODUCTIONS. — INDUSTRIES. GRANDS PORTS DE COMMERCE.

Climat. — L'Europe est froide vers ses extrémités boréales ; dans le midi, le climat est chaud, mais non brûlant, comme dans quelques parties de l'Asie ou de l'Afrique. En général, la température est douce et agréable, surtout dans les parties occidentales, qui reçoivent l'heureuse influence des vents de l'océan Atlantique et celle du courant du Golfe (Gulf-stream). L'Europe, enfin, a l'avantage d'être limitée au S. par une vaste mer, qui adoucit beaucoup le climat.

Productions. — Il y a, dans un grand nombre de pays d'Europe, de riches mines de fer, particulièrement en Scandinavie, en Angleterre, en Allemagne, en France ; le cuivre abonde surtout dans la péninsule Scandinave et aux monts Ourals ; l'étain, dans la Grande-Bretagne ; l'or, vers les monts Ourals et les monts Carpathes. On trouve du platine dans les monts Ourals ; de l'argent, du plomb, en Allemagne, en France ; du mercure, en Espagne, dans l'empire austro-hongrois ; du zinc, en Belgique.

Le soufre est fourni par l'Italie, par les îles qui l'environnent et par l'Islande. L'ambre jaune se recueille aux bords méridionaux de la Baltique. Le charbon de terre abonde dans la Grande-Bretagne et vers les bords de l'Escaut, de la Meuse, du Rhin et de la Loire. La tourbe est commune dans les parties basses des bassins de la mer Baltique, de la mer du Nord et de la Manche.

Les céréales (blé, seigle) et les pommes de terre sont les principaux objets de la culture dans toute l'Europe. Le riz ne se trouve que vers le midi. Le maïs abonde aussi dans le midi, mais s'avance au nord bien plus loin que le riz.

La vigne est une des grandes richesses des régions méridionales et centrales.

Les principaux arbres fruitiers de l'Europe sont les pommiers, les poiriers, les pruniers, les abricotiers, les pêchers, qui peuplent presque partout les vergers, surtout dans les régions moyennes.

Les châtaigniers et les noyers y sont répandus généralement.

Le cerisier est aussi l'un des arbres européens les plus communs ; il s'avance fort loin vers le nord.

Les orangers, les citronniers, les cédratiers, les limoniers, les oliviers, les grenadiers, les figuiers, enrichissent de leurs produits les régions méridionales.

Les bois de construction sont des chênes, des ormes, des frênes, des hêtres, des peupliers, des mélèzes, des sapins, des pins, des bouleaux.

Le cotonnier et la canne à sucre se rencontrent au sud.

Le lin et le chanvre sont les principaux végétaux propres à faire des tissus.

Le safran et la garance sont les principales plantes à teinture.

Parmi les animaux domestiques, le cheval, le bœuf, l'âne, le mouton, la chèvre, le chien, le chat, le coq et la poule, l'oie, le canard, sont à peu près communs à toutes les contrées de l'Europe. Le renne est particulier aux régions les plus septentrionales ; le chameau ne se montre qu'au S. E.

Les principaux quadrupèdes sauvages sont : le sanglier, l'ours, le loup, le cerf, le chevreuil, le daim, le renard, le lièvre, le lapin, le blaireau, l'écureuil, qui se trouvent dans presque toute l'Europe ; — le lynx, la loutre, le castor, le chat sauvage, les martes, qui habitent plus particulièrement dans les contrées du nord ; — le buffle, le bouquetin, le porc-épic, la marmotte, le chamois, qui se rencontrent plutôt vers le sud ; — et le chacal, qu'on ne voit qu'au S. E.

Parmi les plus gros oiseaux que possède l'Europe, on peut nommer l'aigle, le faucon, le vautour, le cygne, la grue, la cigogne, le héron, le pélican.

Les plus jolis sont le martin-pêcheur, le jaseur de Bohême, le guêpier, le chardonneret. Parmi ceux qui chantent le plus agréablement, il faut citer le rossignol, le pinson, le serin, qui ne se trouve sauvage que dans le sud.

Parmi les reptiles, on n'a guère à redouter que la vipère.

Les poissons d'eau douce sont principalement les brochets, les carpes, les tanches, les perches, les truites. **Les esturgeons** remontent les grands fleuves de l'est. Dans la mer, on pêche surtout des maquereaux, des sardines, des **anchois**, des merlans, des soles, des turbots, des limandes, des **raies**, des thons, enfin des harengs, qui sortent de l'océan Glacial au printemps et se répandent par légions innombrables sur les côtes occidentales.

Parmi les mollusques, il faut citer les huîtres, **abondantes** sur les côtes de France, d'Angleterre, de Belgique, etc.

Les insectes les plus intéressants sont le ver à soie, particulier aux régions méridionales, et l'abeille, répandue presque partout.

Un des polypes les plus importants est l'éponge, qu'on rencontre surtout dans les parties orientales de la Méditerranée.

Industrie. — L'industrie de l'Europe est immense, et a pour siéges principaux l'Angleterre, la France, la Belgique et l'Allemagne ; viennent ensuite l'empire Austro-Hongrois, la Suisse, l'Italie, la Russie, les Pays-Bas, l'Espagne.

Les objets les plus importants de l'industrie européenne sont : les soieries, les tissus de coton, de laine, de lin ; les ouvrages de fer, d'acier, de cuivre ; les armes, les machines ; les instruments de science et de musique, l'horlogerie ; la bijouterie, l'orfévrerie ; la papeterie, l'imprimerie, la gravure ; la préparation des peaux ; la porcelaine, la poterie, les cristaux, les glaces ; l'ébénisterie, les objets de luxe et de modes ; les produits chimiques, les distilleries, les brasseries ; les constructions navales.

Grands ports de commerce. — Les îles Britanniques sont le pays le plus commerçant de l'Europe, et même du monde ; leur capitale, *Londres*, est le port le plus animé, le plus fréquenté qu'il y ait. *Liverpool*, le second, se trouve sur la côte ouest de l'Angleterre, et entretient surtout des relations avec l'Amérique ; *Bristol*, dans le S. O. du même pays ; *Southampton*, *Plymouth*, *Portsmouth*, sur la Manche, et *Hull*, sur la mer du Nord, sont aussi des ports imporants. En Écosse, *Leith* (port d'Édimbourg), sur le Forth, vers la côte orientale, et *Glasgow*, vers la côte occidentale, sur la Clyde, sont le siége d'un grand commerce. *Dublin*, *Belfast* et *Cork* sont les principaux ports d'Irlande.

La France a, sur l'Atlantique, les ports de *Bordeaux*, de *Nantes*, de *Brest*, du *Havre*, de *Dunkerque ;* sur la Méditerranée, ceux de *Marseille* et de *Toulon*.

La Belgique possède le grand port d'*Anvers*, sur l'Escaut ; la Hollande, ceux d'*Amsterdam* et de *Rotterdam*.

En Allemagne, on remarque comme ports principaux *Hambourg*, *Brême*, vers la mer du Nord ; *Lübeck*, *Stettin*, *Dantzig*, vers la Baltique ; — en Danemark, *Copenhague*, sur le Sund ; — en Norvége, *Christiania*, sur le Cattégat, et *Bergen*, sur la mer du Nord ; — en Suède, *Stockholm*, sur la Baltique ; *Gothembourg*, sur le Cattégat ; — en Russie, *Saint-Pétersbourg*, *Riga*, vers la Baltique ; *Odessa*, sur la mer Noire ; *Astrakhan*, sur le Volga, vers la mer Caspienne ; *Arkhangel*, vers la mer Blanche.

En Espagne, on distingue *Barcelone*, *Malaga*, sur la Méditerranée ; *Cadix*, sur l'Atlantique ; — en Portugal, *Lisbonne* et *O Porto*, sur l'Atlantique.

L'Italie a, sur sa côte occidentale, les ports de *Gênes*, de *Livourne*, de *Naples ;* — sur sa côte orientale, ceux de *Venise* et d'*Ancône ;* — en Sicile, on voit *Palerme*, au N., et *Messine*, à l'E.

En Turquie, le port le plus important est *Constantinople*, sur le détroit de même nom, entre la mer de Marmara et la mer Noire, vers la limite de l'Europe et de l'Asie, au centre de l'ancien monde ; le second est *Salonique*, sur l'Archipel.

En Roumanie, *Galatz*, sur le Danube, près de la mer Noire, est le port principal.

En Grèce, le *Pirée*, sur l'Archipel, sert de port à Athènes ; *Syra*, dans les Cyclades, est le centre du commerce de l'Archipel.

FRANCE

GÉOGRAPHIE PHYSIQUE.

XV

LIMITES ET ÉTENDUE.

La FRANCE est dans la partie occidentale de la région moyenne de l'Europe.

Elle se trouve à peu près aussi loin du pôle arctique que de l'équateur, vers le milieu de la zone tempérée boréale, entre le 42e et le 51e degré de latitude. En longitude, elle s'arrête au 5e degré à l'E. du méridien de Paris et au 7e degré à l'O.

Au N., elle s'avance en pointe vers la *mer du Nord*, et vers le *Pas de Calais*, qui la sépare de l'Angleterre.

Au N. O., elle est bornée par la *Manche*, qui la sépare aussi de l'Angleterre.

A l'O., elle est baignée par l'*océan Atlantique* proprement dit et par la *mer de France*, qu'on appelle aussi *mer de Biscaye* ou *golfe de Gascogne*.

Au S., elle est bornée par la *Bidassoa* et les *Pyrénées*, qui la séparent de l'Espagne, et par la mer *Méditerranée*, qui forme dans cette partie le *golfe du Lion*.

A l'E., elle a pour bornes l'Italie, la Suisse et l'Allemagne; au N. E., une autre partie de l'Allemagne, le grand-duché de Luxembourg et la Belgique.

Les *Alpes* la limitent du côté de l'Italie; le lac de *Genève*, le *Jura* et le *Doubs*, du côté de la Suisse; les *Vosges*, du côté de l'Allemagne. Nous avions naguère, pour frontière, vers ce dernier pays, le *Rhin*; mais une funeste guerre et un désastreux traité nous ont fait perdre (pas pour toujours, nous l'espérons) cette limite naturelle.

Au N. E., il n'y a pas de frontière naturelle.

La France a la forme d'un hexagone (figure à six côtés), dont trois côtés vers la mer et trois vers la terre.

Elle a 980 kilomètres du N. au S., depuis Dunkerque jusqu'au cap Cerbère; 875 kilomètres de l'O. à l'E., depuis la pointe de Corsen jusqu'aux Vosges; 1100 kilomètres du N. O. au S. E., depuis la pointe de Corsen jusqu'à la Roia (qui sépare un instant la France du royaume d'Italie), et 900 kilomètres du N. E. au S. O., de la frontière du Luxembourg à l'embouchure de la Bidassoa. — Il y a 527 000 kilomètres carrés et 36 millions et demi d'habitants.

CÔTES.

Depuis la Belgique jusqu'à l'embouchure de la Somme, les côtes de France sont couvertes de dunes mouvantes, c'est-à-dire de collines de sable que les vents font changer de place fréquemment.

Un peu au S. de l'embouchure de la Somme commencent des falaises très-escarpées qui vont jusqu'à l'embouchure de la Seine.

Ensuite, depuis la Seine jusqu'à l'embouchure de la Loire, les côtes sont très-irrégulières : il y a beaucoup de presqu'îles, de golfes et de baies.

On y remarque d'abord le golfe de la *Seine*. — A l'O. de ce golfe, s'avance la presqu'île de *Cotentin*, qui est terminée au N. O. par le cap de *la Hague* [1], au N. E. par le cap de *Barfleur*.

A l'O. du Cotentin, est le golfe de *Bretagne* ou de *Saint-Malo*, qui comprend deux autres enfoncements : la baie du *Mont-Saint-Michel* et la baie de *Saint-Brieuc*.

La *Bretagne* est une grande presqu'île qui s'avance entre la Manche et la mer de France : on y remarque, à l'O., la pointe de *Corsen*, le cap *Saint-Matthieu*, la rade de *Brest*, la baie de *Douarnenez*, et les pointes du *Raz* et de *Penmarch* [i] au S., la petite presqu'île de *Quiberon* et le golfe du *Morbihan*.

Il y a plusieurs îles dans le voisinage de la Bretagne. On remarque surtout l'île d'*Ouessant*, à l'O., et *Belle-Ile*, au S.

1. Il ne faut pas confondre ce cap avec celui de *la Hogue*, sur la côte orientale du Cotentin.

Entre l'embouchure de la Loire et celle de la Gironde, la côte est basse et bordée de marais salants; il s'y trouve plusieurs îles, dont les principales sont *Noirmoutier*, l'île d'*Yeu*, l'île de *Ré* et l'île d'*Oleron*. Le détroit de *Fromentine* sépare Noirmoutier du continent; le *Pertuis Breton* est entre l'île de Ré et le continent; le Pertuis d'*Antioche*, entre les îles de Ré et d'Oleron.

Au S. de la Gironde, la côte est généralement composée de dunes mouvantes; près de ces dunes, on voit çà et là des forêts de pins et des lacs entourés de pâturages.

Il se trouve dans cette partie de la France un petit golfe nommé *Bassin d'Arcachon*.

La côte de la Méditerranée offre deux aspects principaux :

A l'O., autour du golfe du Lion, elle est basse et bordée de lagunes qu'on appelle improprement *étangs*.

A l'E., elle est assez élevée, agréablement variée, et forme de petits golfes, tels que ceux de *Fréjus*, de *Grimaud* et de *Cannes;* on y remarque les îles d'*Hyères* et de *Lérins*.

De la France dépend l'île de *Corse*, située près de l'Italie.

XVI

ASPECT GÉNÉRAL DU SOL, LIGNE DE PARTAGE DES EAUX, MONTAGNES, PLAINES.

Des frontières de la Suisse à celles d'Espagne, s'étend une chaîne de hauteurs formant une partie de la grande arête de partage des eaux, qui, depuis les monts Ourals jusqu'au détroit de Gibraltar, sépare l'Europe en deux versants. La France est ainsi partagée elle-même en deux versants principaux : 1° celui qui se penche vers l'*Atlantique* et ses divisions, c'est-à-dire la *mer du Nord*, la *Manche* et la mer de France (ou le *golfe de Gascogne*); 2° celui qui est incliné vers la *Méditerranée*.

Cette grande ligne de partage des eaux, dirigée, en général, du N. E. au S. O., passe successivement par le *Jura*, les *Vosges méridionales*, les monts *Faucilles*, le *plateau de Langres*, la *Côte-d'Or*, les *Cévennes*, les *Corbières occidentales* et les *Pyrénées*.

Six arêtes s'y rattachent du côté du versant de l'Atlantique.

Trois vont au N. : les *Vosges septentrionales*, la chaîne de l'*Argonne orientale* et des *Ardennes orientales*, et la chaîne de l'*Argonne occidentale* et des *Ardennes occidentales*, jointes aux collines de l'*Artois*. Cette troisième arête sépare le versant particulier de la mer du Nord de celui de la Manche, et se termine au cap *Grisnez*, sur le Pas de Calais ; elle envoie à l'O. un rameau formé des collines de la *Picardie* et du pays de *Caux*.

Trois vont à l'O. : 1° la longue arête de partage des eaux entre les versants de la Manche et de la mer de France, et composée des montagnes du *Morvan*, des collines du *Nivernais*, du plateau de la *Forêt d'Orléans*, des collines du *Perche* et de la *Basse-Normandie*, de la chaîne *Armoricaine*, comprenant les montagnes de *Menez* et d'*Arez* ; elle se termine à l'extrémité occidentale de la Bretagne, et envoie deux rameaux remarquables, l'un au N., formé des collines du *Cotentin* et se terminant au cap de la *Hague* ; l'autre au S. O., connu sous le nom de montagnes *Noires*, et aboutissant à la pointe de *Penmarch* ; — 2° la chaîne des montagnes du *Velay* et des montagnes du *Forez* ; — 3° la chaîne des montagnes de la *Margeride* et d'*Auvergne*, continuées par celles du *Limousin*, et couronnant un vaste territoire très-élevé désigné sous le nom de *plateau central*.

Sur le versant de la Méditerranée, on ne remarque qu'une chaîne, mais la plus haute et la plus importante de toutes, celle des *Alpes méridionales*. Elle se détache, en Suisse, de l'arête principale du partage des eaux, et elle vient former la limite de la France sous les noms d'*Alpes Pennines*, d'*Alpes Grées*, d'*Alpes Cottiennes* et d'*Alpes Maritimes*, en envoyant des rameaux nombreux dans tout le S. E. de la France, particulièrement les *Alpes du Dauphiné* et les *Alpes de Provence*.

Le plus haut sommet de la France est le mont *Blanc* (4810 mètres), dans les Alpes, sur la frontière de l'Italie. Les autres principaux points des Alpes de la limite de la France sont, du N. au S., le *Petit Saint-Bernard*, le mont *Iseran*, le mont *Cenis*, le mont *Tabor*, le mont *Genèvre* et le mont *Viso*. Dans les Alpes de l'intérieur, on voit le *Grand Pelvoux*, le mont *Olan*, les pics des *Écrins* et d'*Arsine*, le mont *Ventoux*.

Parmi les sommets des Pyrénées, on remarque le *pic du Midi* de *Bigorre* et le *pic du Midi* d'*Ossau* ou de *Pau*, qui sont sur le territoire français ; le mont *Perdu* et la *Maladetta*, sur le territoire espagnol. La Maladetta est la plus haute : elle a environ 3500 mètres.

Le mont *Dore* et le *Plomb du Cantal* sont les plus hauts points des montagnes d'Auvergne, et ont à peu près 1900 mètres. Le *puy de Dôme* est aussi l'un des sommets principaux de ces montagnes.

Le mont *Mézenc*, la plus haute montagne des Cévennes, a environ 1800 mètres. La *Lozère* est un autre sommet remarquable de la même chaîne.

Le *Reculet*, le *Grand-Crédo* et le *Crêt de la Neige* sont les plus hauts points du Jura ; ils ont 1700 mètres.

Les *ballons* de *Guebwiller* et d'*Alsace*, les plus hautes montagnes des Vosges, ont de 1300 à 1400 mètres.

La *Corse* est traversée du nord au sud par une chaîne de hautes montagnes, dont les points principaux sont le *monte Rotondo* (2764 mètres) et le *monte d'Oro* (2652 mètres).

La France a ses plus vastes plaines dans le nord, où l'on remarque surtout celles de la *Champagne*, de la *Brie*, de la *Beauce*, de la *Flandre*.

Au centre, on rencontre les belles plaines de la *Touraine*, surnommée le *Jardin de la France*, les tristes plaines de la *Sologne*, parsemées de landes, de mares et d'étangs, et les plaines du *Berri*.

A l'E., sont les fertiles plaines qui bordent la Saône, particulièrement celles de la *Bresse*, continuées par les plaines marécageuses de la *Dombes*.

Au S. O., s'étendent les plaines stériles des Landes, espèces de déserts couverts de bruyères, de sables, de mares et de forêts de pins.

XVII

FLEUVES ET RIVIÈRES.

Les eaux qui arrosent la France sont distribuées en quatre versants, dont trois appartiennent à la pente générale inclinée vers l'océan Atlantique, et le quatrième est incliné vers la Méditerranée.

Versant de la mer du Nord.

Du côté de la mer du Nord, coulent trois cours d'eau principaux : la *Moselle*, affluent du Rhin, auquel elle se joint en Allemagne; la *Meuse* et l'*Escaut*.

La *Meurthe* s'unit à la Moselle, à droite.

La *Sambre* se jette dans la Meuse, par la gauche.

La *Scarpe* et la *Lys* affluent à la gauche de l'Escaut.

Versant de la Manche.

La *Somme*, la *Seine*, l'*Orne*, la *Vire* et la *Rance* se jettent dans la Manche.

De ces cinq cours d'eau, la Seine mérite seule le nom de *fleuve*. Elle prend sa source dans la Côte d'Or, coule au N. O., forme beaucoup de sinuosités, et entre dans la mer sur une large embouchure, en face du Havre. — Les affluents les plus remarquables de la Seine sont : à droite, l'*Aube*, la *Marne* et l'*Oise*, qui reçoit l'*Aisne;* — à gauche, l'*Yonne*, le *Loing* et l'*Eure*.

Versant de l'Atlantique proprement dit et de la mer de France.

L'*Aulne* se jette dans l'Atlantique proprement dit, par la rade de Brest, vers l'extrémité occidentale de la Bretagne.

Le *Blavet*, la *Vilaine*, la *Loire*, la *Sèvre Niortaise*, la *Charente*, la *Seudre*, la *Garonne* (nommée *Gironde* dans son cours inférieur) et l'*Adour* se rendent dans la mer de France.

La Vilaine reçoit l'*Ille*.

La Loire prend sa source dans les Cévennes, coule d'abord au N., ensuite à l'O., et se jette dans la mer à Saint-Nazaire. C'est le plus grand des fleuves entièrement renfermés en France.

Les rivières principales que la Loire reçoit à droite sont la *Nièvre* et la *Maine;* cette dernière rivière porte dans sa partie supérieure le nom de *Mayenne*, et elle reçoit la *Sarthe*, augmentée elle-même du *Loir*. — A gauche, la Loire reçoit l'*Allier*, le *Loiret*, fort court, mais remarquable par l'abondance de sa source ; le *Cher*, l'*Indre*, la *Vienne* (qui se grossit de la *Creuse*), enfin la *Sèvre Nantaise*.

La Sèvre Niortaise reçoit la *Vendée*.

La Garonne descend des Pyrénées, en Espagne, et se jette dans l'Océan par une très-large embouchure, sous le nom de *Gironde*, qu'elle ne prend qu'après avoir reçu la *Dordogne*. Elle a pour affluents, à droite, l'*Ariége*, le *Tarn*, grossi de l'*Aveyron*, le *Lot*, enfin la *Dordogne*, qui elle-même reçoit la *Vézère* (grossie de la *Corrèze*) et l'*Ile ;* à gauche, la Garonne s'augmente du *Gers*.

L'Adour reçoit le *gave de Pau*.

Versant de la Méditerranée.

La Méditerranée reçoit la *Tet*, l'*Aude*, l'*Hérault*, le *Rhône*, l'*Argens* et le *Var*.

Le Rhône est un fleuve extrêmement rapide ; il prend sa source dans les Alpes, en Suisse. Après avoir formé le lac de Genève, il fait une petite partie de la limite entre la France et la Suisse ; il entre ensuite dans la France, et coule d'abord à l'O., jusqu'à Lyon ; de là il se dirige au S , et se rend dans la mer par quatre embouchures.

Le delta du Rhône s'appelle *Camargue*.

Les principales rivières que ce fleuve reçoit à droite sont : l'*Ain ;* la *Saône*, qui se grossit du *Doubs ;* l'*Ardèche ;* et le *Gard* ou *Gardon*, sur lequel on admire un magnifique pont-aqueduc de construction romaine.

A gauche, il reçoit l'*Arve*, l'*Isère*, la *Drôme* et la *Durance*.

De tous les affluents du Rhône, le plus important est la Saône.

Grandeur comparée des fleuves de la France.

Le plus grand des fleuves qui arrosent la France est la Loire, qui a 1130 kilomètres de longueur ; — le Rhône en a 800 ; — la Seine, 780 ; — et la Garonne avec la Gironde, 570.

LACS.

Le plus grand lac qui baigne la France est celui de *Genève* ou lac *Léman*, formé par le Rhône, entre la Savoie et la Suisse. — Au S. O. de ce lac, dans la Savoie, sont les lacs d'*Annecy* et du *Bourget*, qui s'écoulent dans le Rhône.

On remarque encore dans l'E. de la France, au pied du Jura, le lac de *Nantua*, qui s'écoule dans l'Ain, et le lac de *Saint-Point*, formé par le Doubs ; au pied des Vosges, les trois lacs de *Gérardmer*.

Dans l'O. de la France, vers l'embouchure de la Loire, est le lac de *Grand-Lieu*.

On trouve, le long de la côte du golfe du Lion, les étangs de *Thau*, de *Valcarès* et de *Berre*, qu'on peut considérer comme des lagunes.

CANAUX.

Le canal de *Saint-Quentin*, continué par le canal *Crozat*, unit l'Escaut à la Somme et à l'Oise.

Le canal *latéral à l'Oise* se rattache au précédent, et longe l'Oise jusque vers le confluent de l'Aisne.

Le canal de la *Somme* longe et prend tour à tour le cours de la rivière de ce nom.

Le canal de la *Sambre à l'Oise* est encore un des principaux du N. de la France.

Le canal des *Ardennes* joint l'Aisne à la Meuse.

Le canal de l'*Aisne à la Marne* est comme la continuation du précédent.

Le canal de l'*Ourcq* amène à Paris les eaux de l'Ourcq, petite rivière qui se jette dans la Marne. La continuation de ce canal à travers Paris porte le nom de canal *Saint-Martin*, et se termine à la Seine.

Le canal de la *Haute-Seine* longe en partie le cours supérieur de la Seine.

Les canaux du *Loing*, d'*Orléans* et de *Briare* unissent la Seine à la Loire.

Le canal de *Bourgogne* s'étend de l'Yonne à la Saône ; — le canal du *Rhône au Rhin*, ou de l'*Est*, en est à peu près la continuation, et joint la Saône au Rhin.

Le canal de la *Marne au Rhin* s'étend dans l'est de la France.

Le canal du *Centre* joint la Loire à la Saône.

Le canal *latéral à la Loire* longe ce fleuve depuis le canal de Briare jusqu'à celui du Centre. Le canal de *Roanne* en est la continuation méridionale.

Le canal du *Nivernais* joint la Loire à l'Yonne.

Le canal du *Berri*, qui va du Cher à la Loire, se compose de deux branches : l'une commence au cours supérieur, l'autre au cours inférieur du Cher.

Le canal de *Nantes à Brest* s'étend de la Loire à la rade de Brest.

Le canal d'*Ille-et-Rance* unit les deux rivières de ce nom.

Le canal du *Languedoc* ou du *Midi*, appelé aussi canal des *Deux-Mers*, conduit de la Garonne à l'étang de Thau, et par conséquent à la Méditerranée. Il est continué par le canal des *Étangs* et par le canal de *Beaucaire*, qui aboutit au Rhône.

Le canal *latéral à la Garonne* longe le cours moyen de ce fleuve, à partir de Toulouse.

XVIII

CHEMINS DE FER. — ROUTES.

Paris est le centre des chemins de fer français. Six lignes principales en partent :

1° Le CHEMIN DU NORD, sur *Amiens, Arras, Douai, Lille*, et, avec ses rameaux, sur *Boulogne, Calais, Dunker-que*, vis-à-vis de l'Angleterre, et sur *Gand, Bruxelles, Liége*, en Belgique, *Cologne*, en Allemagne.

2° et 3° Les deux lignes des CHEMINS DE L'OUEST, ayant leurs points de départ à la *rive droite* et à la *rive gauche* de la Seine, à Paris, et se portant, d'une part, sur *Rouen* et *le Havre*, sur *Caen* et *Cherbourg* ; de l'autre, sur *Versailles, Chartres, le Mans, Rennes* et *Brest*.

4° Le CHEMIN D'ORLÉANS, qui, à Orléans, se sépare en

deux grandes branches : l'une sur *Tours*, *Angers* et *Nantes*, avec l'embranchement de *Tours* à *Poitiers* et *Bordeaux*; l'autre sur *Vierzon*, *Bourges*, *Moulins*, *Clermont*, avec le rameau de *Limoges* et *Périgueux*.

5° Le CHEMIN DE PARIS A LYON, par deux directions : l'une par *Dijon* et *Mâcon*, c'est-à-dire par la *Bourgogne*, avec des embranchements sur *Besançon*, *Neuchâtel en Suisse*, *Genève*, *Chambéry*, *Turin* (par le tunnel des Alpes); — l'autre par *Nevers*, *Moulins*, *Roanne* et par *Tarare* ou par *Saint-Étienne* : c'est la ligne du *Bourbonnais*, avec des rameaux qui se rattachent à la ligne de la Bourgogne et au chemin d'Orléans. Le CHEMIN DE LYON A LA MÉDITERRANÉE est la continuation de la ligne de Paris à Lyon, et se rend à *Marseille* par *Avignon;* il dirige des rameaux sur *Grenoble*, sur *Nîmes* et *Montpellier*, sur *Toulon* et *Nice*, etc.

6° Le CHEMIN DE L'EST, sur *Strasbourg*, par *Châlons-sur-Marne*, *Bar-le-Duc*, *Nancy*, avec embranchements sur *Troyes*, *Belfort*, *Mulhouse* et *Bâle*, sur *Reims* et les *Ardennes*, sur *Metz* et *Mayence* (en Allemagne).

Les CHEMINS DU MIDI touchent, d'un côté, à la ligne de Lyon à la Méditerranée; de l'autre, à celle d'Orléans à Bordeaux; la ligne principale va de *Cette à Bordeaux*, en passant par *Narbonne*, *Carcassonne*, *Toulouse*, *Montauban*, *Agen*, et elle envoie des rameaux vers l'Espagne par *Perpignan* et par *Bayonne*.

Après les chemins de fer, les grandes voies de communication par terre sont les *routes nationales*, divisées en 3 classes : la première, de 13^m,64 de largeur; la 2°, de 11^m,69, et la 3°, d'un peu moins de 11^m. — Viennent ensuite les *routes départementales*, de 8 à 10^m de largeur; — et, au-dessous, les *chemins vicinaux de grande communication* ou *chemins de grande vicinalité;* — puis les *chemins d'intérêt commun;* — enfin les *chemins vicinaux ordinaires* ou *chemins communaux.*

GÉOGRAPHIE POLITIQUE.

XIX

DIVISIONS ADMINISTRATIVES, ECCLÉSIASTIQUES, ETC.

Avant la révolution de 1789, la France comprenait 36 provinces. La véritable division politique ne consistait cependant qu'en 31 *gouvernements généraux militaires ;* car 6 de ces provinces, la *Picardie*, l'*Artois*, la *Saintonge*, l'*Angoumois*, la *Guienne* et la *Gascogne*, ne formaient que 3 gouvernements : ceux de *Picardie et Artois*, de *Saintonge et Angoumois*, de *Guienne et Gascogne*. L'État d'Avignon dépendait des Papes, et la Corse n'avait pas le titre de gouvernement général.

Aujourd'hui la France est partagée en 86 *départements*, dont chacun se divise en un certain nombre d'*arrondissements*.

Chaque chef-lieu de département est la résidence d'un préfet, qui administre le département et en même temps l'arrondissement dont cette ville est le chef-lieu. Les autres arrondissements sont administrés par des sous-préfets.

Les arrondissements sont divisés en *cantons*, à la tête de chacun desquels se trouve, pour rendre la justice, un magistrat nommé juge de paix.

Les cantons comprennent d'autres divisions plus petites, appelées *communes*, qui sont administrées par des maires.

Des conseils généraux, nommés par les cantons, sont chargés des intérêts départementaux et se réunissent aux chefs-lieux des départements. Il y a des conseils d'arrondissement, nommés aussi par les cantons. Chaque commune a un conseil municipal.

Le culte catholique, qui est celui de la majorité de la population française, a pour premiers administrateurs ecclésiastiques des archevêques, dont chacun a au-dessous de lui un certain nombre d'*évêques*, dits ses *suffragants*. On appelle *diocèse* le pays administré, sous le rapport ecclésiastique, par un archevêque ou par un évêque ; ordinairement, chaque diocèse comprend le département dans lequel est situé le siége de l'archevêché ou de l'évêché. Il y a 17 archevêchés et 69 évêchés (en y comprenant encore ceux de Metz et de Strasbourg, et sans compter l'Algérie).

Les archevêchés sont : au N., *Paris, Rouen, Reims, Cambrai* ; — à l'E., *Besançon, Lyon* et *Chambéry* ; — à l'O., *Rennes* ; — au centre, *Sens, Tours* et *Bourges* ; — au S., *Bordeaux, Auch, Toulouse, Albi, Avignon* et *Aix*.

Chaque canton forme le ressort d'une *cure*, dont dépendent un certain nombre de succursales dirigées par les desservants des diverses paroisses.

La justice est rendue, dans chaque canton, par les juges de paix ; au-dessus, sont les tribunaux de première instance, aussi nombreux que les arrondissements ; ces tribunaux ressortissent à vingt-six cours d'appel (il y en avait vingt-huit avant 1871). Au-dessus de ces cours est celle de cassation.

Dans chaque département, il y a une cour d'assises, qu est un tribunal criminel temporaire, ressortissant à la cour d'appel de laquelle dépend ce département. Les juges sont les *jurés*, citoyens désignés par le sort.

Des tribunaux de commerce sont établis dans les principales villes commerçantes : les membres en sont élus par les notabilités commerciales de ces villes.

Des conseils de *prud'hommes*, institués dans la plupart des villes de commerce, sont composés moitié de patrons, moitié de contre-maîtres ou ouvriers, et destinés à juger les contestations qui peuvent s'élever entre ces diverses classes de personnes.

L'instruction publique est distribuée en seize académies universitaires, à la tête de chacune desquelles est un recteur. Ces académies sont : au N., *Paris, Caen, Douai* ; — à l'E., *Nancy, Besançon, Dijon, Lyon, Chambéry, Grenoble* ; —

au centre, *Clermont;* — à l'O., *Rennes, Poitiers;* — au S., *Bordeaux, Toulouse, Montpellier, Aix.*

Pour l'administration militaire, la France est partagée en 22 divisions militaires.

Il y a cinq préfectures maritimes, qui ont pour chefs-lieux les cinq grands ports militaires de l'État : 1re préfecture, *Cherbourg;* 2e, *Brest;* 3e, *Lorient;* 4e, *Rochefort;* 5e, *Toulon.*

XX

ANCIENNES PROVINCES.

Sur le versant de la mer du Nord, l'ancienne France avait quatre provinces : l'*Alsace*, capitale Strasbourg; la *Lorraine*, capitale Nancy; la *Flandre*, capitale Lille; et l'*Artois*, capitale Arras.

Sur le versant de la Manche, quatre : la *Picardie*, capitale Amiens; la *Champagne*, capitale Troyes; l'*Ile-de-France*, capitale Paris; la *Normandie*, capitale Rouen.

Une grande province à l'extrémité occidentale de la France, à la fois sur le versant de la Manche, sur celui de la mer de France et sur l'océan Atlantique proprement dit : c'est la *Bretagne*, capitale Rennes.

Dix-huit provinces appartenant au versant de la mer de France. C'est-à-dire : 1° Onze dans le bassin de la Loire. D'abord, sur les rives de ce fleuve : le *Bourbonnais*, capitale Moulins; le *Nivernais*, capitale Nevers; le *Berri*, capitale Bourges; l'*Orléanais*, capitale Orléans; la *Touraine*, capitale Tours; l'*Anjou*, capitale Angers. — Ensuite, à quelque distance de la Loire, à droite : le *Maine* avec le *Perche*, capitale le Mans; — et, à gauche, l'*Auvergne*, capitale Clermont; la *Marche*, capitale Guéret; le *Limousin*, capitale Limoges; le *Poitou*, capitale Poitiers.

2° Trois dans le bassin de la Charente : l'*Angoumois*, capitale Angoulême; la *Saintonge*, capit. Saintes; l'*Aunis*, capitale la Rochelle.

3° Quatre dans les bassins de la Garonne et de l'Adour : la *Guienne*, capitale Bordeaux ; la *Gascogne*, capitale Auch ; le *Béarn*, capitale Pau ; le *Comté de Foix*, capitale Foix.

Deux provinces partagées presque également entre les versants de la Méditerranée et de la mer de France : le *Languedoc*, capitale Toulouse, et le *Lyonnais*, capitale Lyon.

Une province appartenant à la fois aux versants de la Méditerranée, de la Manche et de la mer de France : la *Bourgogne*, capitale Dijon.

Six provinces appartenant entièrement au versant de la Méditerranée : la *Franche-Comté*, capitale Besançon ; le *Dauphiné*, capitale Grenoble ; l'*État d'Avignon*[1], capitale Avignon ; la *Provence*, capitale Aix ; le *Roussillon*, capitale Perpignan ; l'*île de Corse*, qui avait pour capitale Bastia.

En 1860, deux provinces, la *Savoie* et le *Comté de Nice*, cédées par les États sardes (devenus depuis le royaume d'Italie), ont été annexées à la France. En 1871, un fatal traité nous a enlevé l'*Alsace* et le N. E. de la *Lorraine*, qui ont été cédés à l'Allemagne.

XXI

DÉPARTEMENTS COMPARÉS AUX ANCIENNES PROVINCES[2].

L'ALSACE a formé deux départements : le *Haut-Rhin* et le *Bas-Rhin*, qui ont été cédés à l'Allemagne en 1871.

La LORRAINE a formé quatre départements : les *Vosges*,

---

1. L'État d'Avignon était composé du *Comtat d'Avignon* et du *Comtat Venaissin*.

2. Il faut faire remarquer aux élèves que les départements correspondent seulement *à peu près* aux provinces que nous indiquons comme les ayant formés.

la *Meurthe*, la *Moselle*, et la *Meuse* ; mais, par le traité de 1871, nous avons perdu les quatre cinquièmes du département de la Moselle et le tiers du département de la Meurthe. Ce que nous avons conservé de ces deux départements a formé le département de *Meurthe-et-Moselle*.

La FLANDRE a formé le département du *Nord*.

L'ARTOIS a formé le département du *Pas-de-Calais*.

La PICARDIE a formé le département de la *Somme*.

La CHAMPAGNE a formé quatre départements : l'*Aube*, la *Haute-Marne*, la *Marne*, les *Ardennes*.

L'ILE-DE-FRANCE a formé cinq départements : la *Seine*, *Seine-et-Oise*, l'*Oise*, *Seine-et-Marne*, l'*Aisne*.

La NORMANDIE a formé cinq départements : la *Seine-Inférieure*, l'*Eure*, le *Calvados*, la *Manche*, l'*Orne*.

La BRETAGNE a formé cinq départements : *Ille-et-Vilaine*, es *Côtes-du-Nord*, le *Finisterre*[1], le *Morbihan*, la *Loire-Inférieure*.

LE BOURBONNAIS a formé le département de l'*Allier*.

Le NIVERNAIS a formé le département de la *Nièvre*.

Le BERRI a formé deux départements : le *Cher*, l'*Indre*.

L'ORLÉANAIS a formé trois départements : le *Loiret*, *Eure-et-Loir*, *Loir-et-Cher*.

La TOURAINE a formé le département d'*Indre-et-Loire*.

L'ANJOU a formé le département de *Maine-et-Loire*.

Le MAINE (avec le PERCHE) a formé deux départements : la *Sarthe*, la *Mayenne*.

L'AUVERGNE a formé deux départements : le *Puy-de-Dôme*, le *Cantal*.

La MARCHE a formé le département de la *Creuse*.

Le LIMOUSIN a formé deux départements : la *Corrèze*, la *Haute-Vienne*.

Le POITOU a formé trois départements : la *Vendée*, les *Deux-Sèvres*, la *Vienne*.

L'ANGOUMOIS a formé le département de la *Charente*.

---

1. Cette orthographe est préférable à celle de *Finistère*, employée plus ordinairement.

L'AUNIS et la SAINTONGE ont formé le département de la *Charente-Inférieure.*

La GUIENNE a formé six départements : la *Dordogne,* le *Lot,* l'*Aveyron, Tarn-et-Garonne, Lot-et-Garonne,* la *Gironde.*

La GASCOGNE a formé trois départements : les *Landes,* le *Gers,* les *Hautes-Pyrénées.*

Le BÉARN a formé le département des *Basses-Pyrénées.*

Le COMTÉ DE FOIX a formé le département de l'*Ariége.*

Le LANGUEDOC a formé huit départements : Trois baignés par la mer : l'*Aude,* l'*Hérault,* le *Gard* ; — et cinq dans l'intérieur : la *Haute-Garonne,* le *Tarn,* la *Lozère,* la *Haute-Loire,* l'*Ardèche.*

Le LYONNAIS a formé deux départements : le *Rhône,* la *Loire.*

La BOURGOGNE (avec la BRESSE) a formé quatre départements : l'*Yonne,* la *Côte-d'Or, Saône-et-Loire,* l'*Ain.*

La FRANCHE-COMTÉ a formé trois départements : le *Doubs,* la *Haute-Saône,* le *Jura.*

LA SAVOIE a formé deux départements : celui de la *Savoie* et la *Haute-Savoie.*

Le DAUPHINÉ a formé trois départements : l'*Isère,* la *Drôme,* les *Hautes-Alpes.*

L'ÉTAT D'AVIGNON a formé le département de *Vaucluse.*

La PROVENCE a formé trois départements : les *Bouches-du-Rhône,* les *Basses-Alpes,* le *Var.*

Une grande partie du COMTÉ DE NICE (avec l'arrondissement de Grasse, distrait du département du Var) a formé le département des *Alpes-Maritimes.*

Le ROUSSILLON a formé le département des *Pyrénées-Orientales.*

La CORSE a formé le département de même nom.

———————

XXII

DÉPARTEMENTS AVEC LEURS CHEFS-LIEUX ET LES AUTRES VILLES LES PLUS IMPORTANTES

classés par versants maritimes et par bassins de fleuves et de rivières.

—

VERSANT DE LA MER DU NORD.

—

BASSIN DU RHIN.

1° Deux anciens départements sur le Rhin.

Ancien départ. du HAUT-RHIN.
[Presque entièrement cédé à l'Allemagne en 1871.]

COLMAR, ville de 24 000 hab., était chef-lieu du département.

Mulhouse, sur l'Ill et sur le canal du Rhône au Rhin, célèbre par sa grande industrie du coton, par ses fabriques de toiles peintes, de machines, etc., et peuplée de 60 000 hab., était la plus grande ville de ce département.

Belfort ou *Béfort*, place très-forte, qui s'est vaillamment défendue contre les Allemands dans la guerre de 1870-1871, a été conservée par la France.

Ancien départ. du BAS-RHIN.
[Tout entier réuni à l'Allemagne en 1871.]

STRASBOURG (85 000 hab.), sur l'Ill et près du Rhin, place très-forte, était le chef-lieu du département : c'est aujourd'hui la capitale du gouvernement allemand d'Alsace-Lorraine. — Belle cathédrale. — Invention de l'imprimerie, au XVᵉ siècle. — Bombardement et prise de la ville par les Allemands en 1870.

2° Deux départements sur le cours de la Moselle.

Départ. des VOSGES.

[Une petite partie, à l'extrémité N. E., a été cédée à l'Allemagne en 1871.]

ÉPINAL (12 000 hab.), chef-lieu, sur la Moselle.

Domremy, lieu de naissance de Jeanne Darc, et *Plombières*, célèbre par ses eaux minérales, sont dans ce département.

Départ. de MEURTHE-et-MOSELLE.

(Formé des parties laissées à la France dans les anciens départements de la MEURTHE et de la MOSELLE.)

NANCY, chef-lieu, très-belle ville. Magnifique place Stanislas. Broderies et tapisseries renommées. (50 000 hab.)

Autre ville remarquable : *Lunéville*. Château des anciens ducs de Lorraine. Fabriques de faïence. (15 000 hab.)

Dans la partie de l'ancien département de la Meurthe cédée à l'Allemagne, se trouve *Dieuze*, avec de grandes salines.

Dans la partie de l'ancien département de la Moselle cédée à l'Allemagne, la ville principale est METZ, place forte, sur la Moselle, qui était le chef-lieu de ce département. Plusieurs batailles aux environs, en 1870, avant la prise de la ville par les Prussiens. (57 000 hab.)

BASSIN DE LA MEUSE.

Deux départements traversés par la Meuse.

Départ. de la MEUSE.

BAR-LE-DUC, chef-lieu, sur l'Ornain. (15 000 hab.)
Autre ville importante : *Verdun*, sur la Meuse. (13 000 h.)

Départ. des ARDENNES.

MÉZIÈRES, chef-lieu, sur la Meuse. Place forte. Belle défense de Bayard en 1521. (6000 hab.

La plus grande ville est *Sedan* (15 000 hab.), place forte, sur la Meuse. Trop fameuse par le grand désastre de l'armée française en 1870.

La seconde est *Charleville*, sur la Meuse, très-près de Mézières, et plus considérable que ce chef-lieu. Commerce de clouterie.

Autre lieu remarquable : *Rocroy*, victoire de Condé en 1643.

BASSIN DE L'ESCAUT.

1° Un département traversé par l'Escaut.

Départ. du NORD.

LILLE, chef-lieu, place forte. Cinquième ville de France. Industrie de tissus. (155 000 hab.)

Autres villes importantes : *Dunkerque*, place forte et port de mer. (32 000 hab.) — *Douai*, place forte. (24 000 hab.) — *Cambrai*, place forte, sur l'Escaut; Fénelon en a été archevêque. (23 000 hab.) — *Valenciennes*, place forte, sur l'Escaut. (24 000 hab.)

Roubaix (65 000 hab.), *Tourcoing* (38 000 hab.), *Armentières* (16 000 hab.), remarquables par leurs fabriques de toutes sortes de tissus.

Denain, Anzin. Mines de houille. Victoire de Villars à Denain en 1712.

2° Sur le cours de la Scarpe et de la Lys, affluents de gauche de l'Escaut.

Départ. du PAS-DE-CALAIS.

ARRAS, chef-lieu, place forte, sur la Scarpe. (26 000 hab.)

La plus grande ville du département est *Boulogne-sur-mer*, port très-fréquenté. (40 000 hab.)

On y remarque aussi le port de *Calais* (13 000 hab.), place assiégée par les Anglais en 1347, reprise sur eux en 1558, et *Saint-Pierre lez Calais*, qui fabrique des tulles renommés. (17 000 hab.)

VERSANT DE LA MANCHE.

—

BASSIN DE LA SOMME.

Départ. de la SOMME.

AMIENS, chef-lieu, sur la Somme (65 000 hab.). Belle cathédrale ; fabriques de velours, de toiles, de tapis et de casimirs.

On remarque aussi *Abbeville*, sur la Somme. Fabriques de tapis, de moquettes et de toiles. (20 000 hab.)

———

BASSIN DE LA SEINE.

1° *Six départements traversés par la Seine.*

Départ. de l'AUBE.

TROYES, chef-lieu, sur la Seine. Fabriques de toiles et de bonneterie ; papeteries. Traité célèbre de 1420, entre la France et l'Angleterre. (36 000 hab.)

La seconde ville est *Bar-sur-Aube*, près de laquelle est *Brienne-le-Château*, célèbre par une ancienne école militaire où fut élevé Napoléon 1er.

Départ. de SEINE-ET-MARNE.

MELUN, chef-lieu, sur la Seine. (11 000 hab.).

On remarque aussi *Meaux*, sur la Marne (11 000 hab.), dont Bossuet a été évêque, et *Fontainebleau*, près de la Seine, célèbre par son château et sa forêt. (11 000 hab.)

Départ. de la SEINE 1.

PARIS, chef-lieu de ce département et capitale de la France, est sur les deux rives et sur les deux îles de la Seine

1. Plus détaillé que les autres, en vue des écoles du département de la Seine.

(l'île de la Cité, où Paris a pris naissance sous le nom de *Lutèce*, et l'île Saint-Louis). Le canal Saint-Martin, continué par le bassin de la Villette et le canal de l'Ourcq, traverse la partie orientale. Cette grande ville a 33 kilomètres de circuit, 78 000 000 de mètres carrés et 2 000 000 d'hab. Elle est entourée de fortifications et défendue en outre par des forts détachés.

Deux graves événements ont cruellement frappé cette illustre cité en 1870 et 1871 : d'abord, le long siége et le bombardement qu'en ont faits les Prussiens ; ensuite l'insurrection de la Commune, accompagnée de l'incendie d'une partie de la ville, et particulièrement d'un grand nombre des plus beaux monuments.

Les principaux *lieux de promenade* sont : les boulevards, les Champs-Élysées ; les jardins des Tuileries, du Luxembourg, des Plantes ; les parcs de Monceaux et des Buttes-Chaumont ; les squares du Temple, de la Tour Saint-Jacques, du Conservatoire des arts et métiers, etc.

Les *plus belles rues* sont celles de la Paix, de Castiglione, de Rivoli, les boulevards proprement dits (c'est-à-dire ceux qui ont été élevés sur l'emplacement des anciennes fortifications abattues sous Louis XIV), les boulevards nouveaux de Sébastopol, Saint-Michel, Voltaire (ou du Prince-Eugène), de Magenta, Malesherbes, Haussmann, Saint-Germain, etc.

Les *plus belles places* sont la place Vendôme, celles de la Concorde, du Carrousel, de Saint-Sulpice, l'Esplanade des Invalides, le Champ de Mars.

Palais. — Les Tuileries (incendiées en 1871), le Louvre (en partie incendié), le Palais-Royal (id.), l'Élysée, le palais du Luxembourg, le palais Bourbon, le palais de Justice (incendié), le palais de l'Institut, le palais de l'Industrie.

Principales églises. — Notre-Dame, Saint-Germain l'Auxerrois, Sainte-Geneviève (le Panthéon), Saint-Eustache, la Madeleine, Saint-Sulpice, Sainte-Clotilde, la Trinité.

Principaux hospices et hôpitaux. — L'Hôtel-Dieu, l'hôpital Saint-Louis, l'hôpital Lariboisière, l'hospice des Quinze-Vingts, la Salpêtrière, l'hospice militaire du Val-de-Grâce.

Établissements consacrés aux sciences, aux lettres et à l'instruction. — L'Observatoire, l'Institut, la Sorbonne, le

Paris, vue générale.

Collége de France, l'École polytechnique, l'École de médecine, l'École de droit, l'École des Beaux-Arts, le Muséum
d'histoire naturelle, la Bibliothèque nationale, la bibliothèque
Sainte-Geneviève, la bibliothèque Mazarine, celle de l'Arse-
nal, les Archives nationales, le Conservatoire de musique,
celui des arts et métiers, le musée de Cluny, etc.

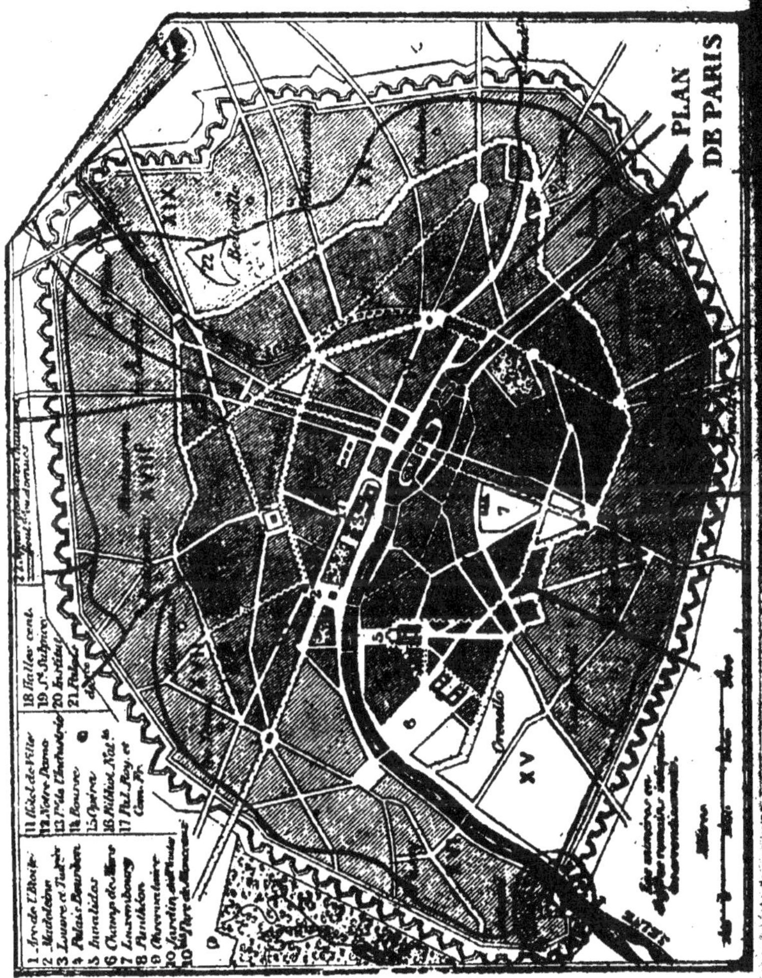

Autres monuments. — L'Hôtel de ville (incendié en 1871),
la Bourse, l'Hôtel des Invalides, la colonne de Juillet ou de
la Bastille, l'Arc de triomphe de l'Étoile, le nouvel Opéra, etc.

La belle colonne Vendôme, qui ornait la place de même nom, a été renversée en 1871.

Plusieurs lieux ont été annexés à Paris en 1860 ; les principaux sont :

A droite de la Seine :

Bercy.   *La Chapelle.*
Une partie de *Saint-*   *Montmartre.*
   Mandé.   *Les Batignolles -*
Charonne.   *Monceaux.*
Ménilmontant.   *Les Ternes.*
Belleville.   *Passy.*
La Villette.   *Auteuil.*

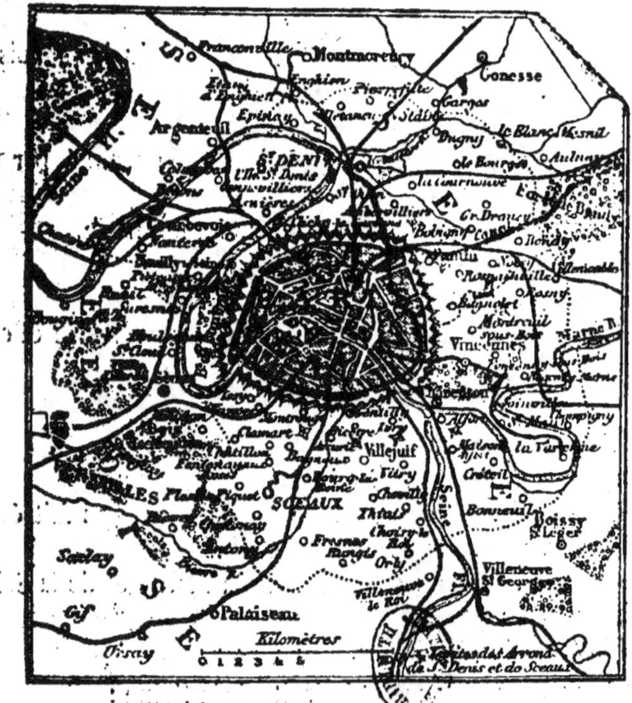

Environs de Paris.

A gauche de la Seine :

Grenelle.
Vaugirard.

Le Petit-Montrouge.

Des portions de *Gentilly* et d'*Ivry.*

Paris, avec toutes ces annexions, comprend 20 arrondissements, divisés en 80 quartiers.

Deux sous-préfectures. — *Saint-Denis* (26 000 hab.), place fortifiée, sur le canal de même nom et près de la Seine. Belle église de l'ancienne abbaye.

Sceaux, dans une jolie situation.

Autres lieux remarquables. — 1° Sur la Seine, ou très près de la Seine :

Choisy-le-Roi. Fabriques de faïence, de produits chimiques, de maroquins.

Vitry-sur-Seine. Pépinières.

Ivry-sur-Seine.

Boulogne-sur-Seine (17 000 hab.), près du beau bois de même nom.

Neuilly-sur-Seine.

Surênes, au pied du mont Valérien, couronné par une forteresse importante.

Puteaux. Nombreux établissements d'industrie.

Courbevoie.

Levallois-Perret.

Clichy-la-Garenne. Produits chimiques, verrerie et cristallerie.

Anières.

2° Sur la Marne :

Nogent-sur-Marne, près du bois de Vincennes.

Saint-Maur, sur le canal de même nom, qui fait éviter aux bateaux une courbure de la Marne.

Charenton, près du confluent de la Marne et de la Seine. Célèbre maison d'aliénés.

Alfort. École vétérinaire.

3° A quelque distance et à droite de la Seine :

Vincennes, avec un beau bois de même nom et un château fort.

Montreuil-sous-Bois. Pêches renommées.

Fontenay-sous-Bois, Saint-Mandé, à côté du bois de Vincennes.

Château et parc de Versailles.

Pantin.

Romainville.

Aubervilliers ou *Notre-Dame-des-Vertus.*

4° A quelque distance et à gauche de la Seine :

Villejuif.

Gentilly. Hospice de Bicêtre.

Arcueil. Aqueduc qui fournit de l'eau à Paris.

Bourg-la-Reine. Faïence ; commerce de bestiaux.

Fontenay-aux-Roses. Joli village. Grande culture de roses et de fraises.

Montrouge, Vanves, Bagneux, Châtillon, Clamart. Carrières de belles pierres de construction.

Nanterre. Souvenir de sainte Geneviève. Manufacture d'aluminium.

Départ. de SEINE-ET-OISE [1].

VERSAILLES, chef-lieu. (45 000 hab.) Château et musée historiques, jardins et parcs magnifiques. Siége de l'Assemblée nationale et du gouvernement de la France.

Les sous-préfectures sont *Corbeil* (blés, farines) et *Mantes*, sur la Seine ; — *Pontoise*, sur l'Oise ; — *Étampes* (blés), dans le S. du département ; — *Rambouillet* (château et forêt), dans le S. O.

La plus grande ville du département, après Versailles, est *Saint-Germain en Laye*, près de la Seine. Château, avec musée archéologique ; belle forêt. (16 000 hab.)

Autres lieux remarquables : Sur la Seine ou très-près : *Meudon* (bois et ruines d'un château), *Sèvres* (manufacture de porcelaine), *Saint-Cloud* (ruines d'un château, beau parc), *Argenteuil* (figues et vin), *Rueil, Bougival, Marly* (machine et aqueduc), *Poissy.* — A quelque distance à droite de la Seine : *Montmorency* (forêt), *Enghien* (lac et bains d'eaux minérales) ; — à gauche : *Saint-Cyr* (école militaire), *Grignon* (école d'agriculture).

1. Quelques détails de plus pour ce département, à cause de son voisinage de Paris.

Départ. de l'EURE.

ÉVREUX, chef-lieu. (12 000 hab.)

La seconde ville est *Louviers*, sur l'Eure, avec des fabriques de beaux draps. (12 000 hab.)

Départ. de la SEINE-INFÉRIEURE.

ROUEN, chef-lieu, sur la Seine; port très-fréquenté. Huitième ville de France. Belles églises gothiques. Teintureries renommées. Fabriques de toiles de coton (*rouenneries*), de faïence, etc. (101 000 hab.)

Les trois villes les plus importantes du département sont ensuite :

Le Havre, port de mer très-commerçant, à l'embouchure de la Seine. (75 000 hab.)

Dieppe, autre port. (20 000 hab.)

Elbeuf, sur la Seine, avec des fabriques de draps. (22 000 hab.)

2° *Quatre départements dans les bassins de la Marne et de l'Oise, affluents de droite de la Seine.*

Départ. de la HAUTE-MARNE.

CHAUMONT, chef-lieu, sur la Marne. (8 000 hab.)

La plus grande ville du département est *Langres*, qui fait de la coutellerie renommée. (10 000 hab.)

Départ. de la MARNE.

CHALONS-SUR-MARNE, chef-lieu. (18 000 hab.)

La plus grande ville du département est *Reims*, avec une belle cathédrale, où l'on sacrait les rois de France; on y voit aussi la curieuse église de Saint-Remi. Fabriques d'étamines et de casimirs. Commerce de vins de Champagne. (61 000 h.)

Épernay, sur la Marne, fait aussi un grand commerce de vins.

Départ. de l'AISNE [1].

LAON, chef-lieu ; place forte. (10 000 hab.)

1. Prononcez *Aine*. On a établi l'usage très-convenable de supprimer la lettre *s*, et de la remplacer par un accent circonflexe, dans les mots *île*, *Bâle*, *Nîmes*, etc. Il serait rationnel de faire une réforme semblable pour le mot *Aisne*, et l'on devrait écrire *Aîne*; mais l'usage n'admet pas encore cette orthographe.

La plus grande ville est *Saint-Quentin*, sur la Somme, avec des fabriques de basins, de gazes, etc. (31 000 hab.)

Une autre ville célèbre du département est *Soissons*, sur l'Aisne, qui a été le siége de l'empire de Clovis et longtemps capitale d'un royaume de même nom, sous les Mérovingiens. (10 000 hab.)

Départ. de l'OISE.

BEAUVAIS, chef-lieu. Belle cathédrale. Manufacture de tapisseries. Fabriques de draps. Tabletterie. Belle résistance de Jeanne Hachette contre les Bourguignons, en 1472. (15 000 hab.)

La seconde ville du département est *Compiègne*, vers le confluent de l'Oise et de l'Aisne. Château et forêt. (12 000 h.)

3° Deux départements dans les bassins de l'Yonne et du cours supérieur de l'Eure, affluents de gauche de la Seine,

Départ. de l'YONNE.

AUXERRE, chef-lieu, sur l'Yonne. Commerce de vins. (15 000 hab.)

La plus grande ville ensuite est *Sens*, sur l'Yonne, avec une belle cathédrale. (13 000 hab.)

Départ. d'EURE-ET-LOIR.

CHARTRES, chef-lieu, sur l'Eure. Belle cathédrale. Commerce de grains et de chevaux. (20 000 hab.)

On remarque ensuite *Dreux*, où se livra une grande bataille entre les catholiques et les protestants en 1562.

BASSIN DE L'ORNE.

Départ. de l'ORNE.

ALENÇON, chef-lieu, sur la Sarthe. Fabriques de toiles et de dentelles. (16 000 hab.)

Les plus importantes villes ensuite sont *Flers* (10 000 h.) qui fabrique des coutils et des toiles, et *Laigle*, renommée par ses aiguilles et ses épingles.

Départ. du **CALVADOS**.

CAEN, chef-lieu, sur l'Orne, avec un port. (42 000 hab.
Patrie du poëte Malherbe.

Les autres villes importantes de ce département sont :

Lisieux, avec des fabriques de lainages et de toiles.
(13 000 hab.)

Falaise, qui a des teintureries, des fabriques de bonneterie et des foires célèbres. (10 000 hab.)

Bayeux, qui fait des dentelles renommées. (10 000 hab.).

BASSINS DE LA VIRE ET DE LA RANCE.

Départ. de la **MANCHE**.

SAINT-LÔ, chef-lieu, sur la Vire. (10 000 hab.)
La plus grande ville est *Cherbourg*, très-important port
militaire. (37 000 hab.)

Départ. des **COTES-DU-NORD**.

SAINT-BRIEUC, chef-lieu. (15 000 hab.)
La seconde ville est *Dinan*, port sur la Rance.

VERSANT DE L'ATLANTIQUE PROPREMENT DIT ET DE LA MER DE FRANCE.

BASSINS DE L'AULNE, DU BLAVET ET DE LA VILAINE.

Départ. du **FINISTERRE**.

QUIMPER-CORENTIN ou simplement QUIMPER, chef-lieu.
(12 000 hab.)

La plus grande ville est *Brest*, port militaire, le plus beau
et le plus sûr de la France, à côté d'une vaste rade de même
nom. (80 000 hab.)

Morlaix, vers la Manche, est une autre ville importante du département. (14 000 hab.)

Départ. du MORBIHAN.

VANNES, chef-lieu, vers le golfe du Morbihan. (15 000 h.)
La plus importante ville est *Lorient*, port militaire, sur le Blavet et le Scorff, à peu de distance de la mer. (38 000 hab.)

Départ. d'ILLE-ET-VILAINE.

RENNES, chef-lieu, au confluent de l'Ille et de la Vilaine. (50 000 hab.)
Saint-Malo est un célèbre port de mer, à l'embouchure de la Rance. Patrie de Chateaubriand et de Duguay-Trouin. (11 000 hab.)
Saint-Servan est aussi un port remarquable, très-près de Saint-Malo, vers l'embouchure de la Rance. (12 000 hab.)

BASSIN DE LA LOIRE.

1° Huit départements traversés par la Loire.

Départ. de la HAUTE-LOIRE.

LE PUY, chef-lieu, près de la Loire. Fabriques de dentelles et de blondes. (20 000 hab.)
La seconde ville est *Brioude*, sur l'Allier.

Départ. de la LOIRE.

SAINT-ÉTIENNE, chef-lieu. Manufactures d'armes. Fabriques de quincaillerie, de coutellerie, de rubans, etc. Mines de charbon de terre. — Neuvième ville de France. (97 000 hab.)
La plus importante ville ensuite est *Roanne*, sur la Loire. (19 000 hab.)
Montbrison a été longtemps chef-lieu du département.
Rive-de-Gier (15 000 hab.) et *Saint-Chamond* (10 000 h.) sont remarquables par leurs mines de charbon de terre et

Rennes.

leurs fabriques d'acier, de rubanerie et de clouterie; *Saint-Galmier*, par ses eaux minérales.

Départ. de la NIÈVRE.

NEVERS, sur la Loire, près du confluent de la Nièvre. Commerce de fer, de bois, de faïence et de vins. Forges importantes dans le voisinage. (21 000 hab.)

Les deux villes les plus importantes ensuite sont *Cosne* (prononcez *Cône*), sur la Loire, importante par le commerce du fer, et *Clamecy*, par le commerce du bois.

Départ. du LOIRET.

ORLÉANS, chef-lieu, sur la Loire. Illustrée par la défense de Jeanne Darc, en 1428. Belle cathédrale. Fabriques de couvertures de laine, industrie du coton, commerce de vins, de vinaigre et de bois. (50 000 hab.)

La seconde ville du département est *Montargis*.

Départ. de LOIR-ET-CHER,

BLOIS, chef-lieu, sur la Loire. Ancien château, où naquit Louis XII et où résidèrent François Ier, Charles IX et Henri III. (20 000 hab.). Dans le voisinage est le château de Chambord.

La seconde ville est *Vendôme*, sur le Loir.

· Départ. d'INDRE-ET-LOIRE.

TOURS, chef-lieu, sur la Loire et près du Cher. Cathédrale remarquable. (41 000 hab.). — Plusieurs anciennes résidences royales dans le voisinage, et la colonie agricole de *Mettray* pour les jeunes détenus.

La seconde ville est *Chinon*, sur la Vienne, qui fut le siége de la cour de Charles VII.

Départ. de MAINE-ET-LOIRE.

ANGERS, chef-lieu, sur la Maine. Commerce de vins, de bestiaux et d'ardoises. (55 000 hab.)

La seconde ville est *Saumur*, sur la Loire. (14 000 hab.)

La troisième, *Cholet*, avec des fabriques de toiles et de mouchoir, et un commerce de bœufs. (13 000 hab.)

Départ. de la **LOIRE-INFÉRIEURE.**

NANTES, chef-lieu, sur la Loire. Port très-commerçant. (112 000 hab.)

La ville la plus importante ensuite est *Saint-Nazaire,* port à l'embouchure de la Loire. (20 000 hab.)

2° Deux départements dans les bassins de la Sarthe et de la Mayenne, à droite de la Loire.

Départ. de la **SARTHE.**

LE MANS, chef-lieu, sur la Sarthe. Commerce de bougies et de toiles. (37 000 hab.)

Autre ville importante : *la Flèche,* sur le Loir, avec un Prytanée militaire.

Départ. de la **MAYENNE.**

LAVAL, chef-lieu, sur la Mayenne. Commerce de fil et de toiles. (27 000 hab.)

Mayenne, la seconde ville du département, sur la rivière de même nom, a aussi un commerce de toiles. (11 000 hab.)

3° Deux départements sur la rive gauche de la Loire et dans les bassins de l'Allier et du Cher.

Départ. de l'**ALLIER.**

MOULINS, sur l'Allier. (20 000 hab.)

La ville la plus industrieuse du département est *Montluçon,* sur le Cher. Manufacture de glaces. (20 000 hab.)

Commentry (10 000 hab.) a de grandes forges et des mines de charbon de terre, et *Vichy,* des eaux minérales très-renommées.

Départ. du **CHER.**

BOURGES, chef-lieu. Fabriques de draps et de toiles peintes. Forges. Belle cathédrale. (28 000 hab.)

Vierzon, sur le Cher, est une ville intéressante par ses forges et sa manufacture de porcelaine.

4° *Cinq départements dans les bassins de l'Allier, de l'Indre et de la Vienne, affluents de gauche de la Loire, et sur le versant nord des montagnes d'Auvergne et du Limousin.*

Départ. du PUY-DE-DOME (ainsi nommé d'une des principales montagnes d'Auvergne).

CLERMONT-FERRAND, chef-lieu. Étoffes de laine. Pâtes renommées, dites d'*Auvergne*. (37 000 hab.)

La ville essentiellement industrielle du département est *Thiers*, importante par sa coutellerie, ses papeteries et ses tanneries. (17 000 hab.)

Riom (11 000 hab.) est aussi remarquable par son industrie.

Départ. de la CREUSE.

GUÉRET, chef-lieu. (5000 hab.).

Aubusson, sur la Creuse, avec des manufactures de tapis et de tapisseries, est la ville la plus importante du département.

Départ. de l'INDRE.

CHÂTEAUROUX, chef-lieu, sur l'Indre. Commerce de draps et de bestiaux. (16 000 hab.)

Issoudun, la seconde ville, a des fabriques de draps et de parchemin et un commerce de fer. (14 000 hab.)

Départ. de la HAUTE-VIENNE.

LIMOGES, chef-lieu, sur la Vienne. Fabriques de porcelaine et de lainages (53 000 hab.).

La seconde ville est *Saint-Yrieix*, qui a des carrières de kaolin et des fabriques de porcelaine.

Départ. de la VIENNE.

POITIERS, chef-lieu. Belle cathédrale. (31 000 hab.)

La seconde ville du département est *Châtellerault*, sur la Vienne. Manufacture d'armes. Coutellerie renommée. (14 000 hab.)

Limoges.

BASSINS DE LA SÈVRE NIORTAISE ET DE LA CHARENTE.

Départ. des DEUX-SÈVRES.

Niort, chef-lieu, sur la Sèvre Niortaise. (21 000 hab.)
La seconde ville est *Parthenay*, qui donne son nom à une
race de bestiaux.

Départ. de la VENDÉE.

LA ROCHE-SUR-YON (appelée, sous les deux empires, NA-
POLÉON-VENDÉE, et, sous les Bourbons, BOURBON-VENDÉE),
chef-lieu. (10 000 hab.)

Fontenay-le-Comte, sur la Vendée, est la ville la plus importante du département.

Départ. de la CHARENTE.

ANGOULÊME, chef-lieu, sur la Charente. Fabriques de
beau papier, de lainages et de faïence. (25 000 hab.)
La seconde ville est *Cognac*, sur la Charente. Eaux-de-vie
renommées. (12 000 hab.)

Départ. de la CHARENTE-INFÉRIEURE.

LA ROCHELLE, chef-lieu. Port de mer. Manufactures de
faïence. Commerce d'eaux-de-vie. (20 000 hab.) Siége fameux de 1628, contre Richelieu.

La plus grande ville du département est *Rochefort*, port
militaire sur la Charente, près de son embouchure. (30 000
hab.)

Une autre ville importante est *Saintes*, sur la Charente.
Commerce d'eaux-de-vie renommées. (12 000 hab.)

BASSIN DE LA GARONNE (AVEC LA GIRONDE).

*1° Trois départements dans le bassin particulier de la Dordogne
et sur le versant sud des montagnes d'Auvergne et du Limousin.*

Départ. du CANTAL.

AURILLAC, chef-lieu. Commerce de dentelles, de chau-
dronnerie et de bestiaux. Patrie de Gerbert. (11 000 hab.)
La seconde ville est *Saint-Flour*, sur une masse de rochers basaltiques.

Toulouse.

Départ. de la **CORRÈZE**.

TULLE, chef-lieu, sur la Corrèze. Manufacture d'armes. Commerce de fer et de cuivre. (13 000 hab.)

La ville la plus importante ensuite est *Brive*, sur la Corrèze. (10 000 hab.)

Départ. de la **DORDOGNE**.

PÉRIGUEUX, chef-lieu, sur l'Ile. (20 000 hab.). Belle cathédrale. Antiquités romaines.

La seconde ville est *Bergerac*, sur la Dordogne. Vins renommés. (12 000 hab.)

2° Quatre départements traversés par la Garonne.

Départ. de la **HAUTE-GARONNE**.

TOULOUSE, chef-lieu, sur la Garonne, vers la jonction du canal du Midi. Bel hôtel de ville, nommé le Capitole. Fabriques de faux et de limes renommées. (127 000 hab.)

Bagnères-de-Luchon a des eaux minérales célèbres.

Départ. de **TARN-ET-GARONNE**.

MONTAUBAN, chef-lieu, sur le Tarn. Industrie du coton, de la laine et de la soie. (26 000 hab.)

La seconde ville est *Moissac*, sur le Tarn, avec les restes d'une abbaye célèbre.

Départ. de **LOT-ET-GARONNE**.

AGEN, chef-lieu, sur la Garonne. Commerce de minoterie (de farine) et de prunes renommées. (18 000 hab.)

Autre ville importante, *Villeneuve-sur-Lot*. (13 000 hab.)

Départ. de la **GIRONDE**.

BORDEAUX, chef-lieu, sur la Garonne, au milieu des vignobles les plus abondants de la France. Très-belle ville, la quatrième de la France par sa population, qui s'élève à 200 000 hab. Beau port.

La seconde ville est *Libourne*, port commerçant, sur la Dordogne. (15 000 hab.)

Port de Bordeaux.

3° *Cinq départements à droite de la Garonne.*

Départ. de l'**ARIÉGE**.

FOIX, chef-lieu, sur l'Ariége. Commerce d'acier et de limes. (7000 hab.)

Pamiers, sur l'Ariége, fait commerce de faux et de limes.

Départ. du **TARN**.

ALBI, chef-lieu, sur le Tarn. Belle cathédrale. (17 000 h.)

La plus grande ville est *Castres*, avec des fabriques de draps. (21 000 hab.)

Mazamet a aussi des fabriques de draps. (10 000 hab.)

Départ. de la **LOZÉRE** (ainsi nommé d'une montagne des Cévennes).

MENDE, chef-lieu, sur le Lot. Fabriques de serges. (6000 hab.)

La seconde ville est *Marvejols*, qui fabrique des étoffes de laine.

Départ. de l'**AVEYRON**.

RODEZ, chef-lieu, sur l'Aveyron. Belle cathédrale. Fabriques de lainages. (12 000 hab.)

La seconde ville est *Millau*, sur le Tarn, avec une grande industrie des peaux. (14 000 hab.)

La troisième est *Villefranche-d'Aveyron* ou *Villefranche-de-Rouergue*, sur l'Aveyron; siége d'une industrie active, surtout pour les fers. (10 000 hab.)

Départ. du **LOT**.

CAHORS, chef-lieu, sur le Lot. Vins estimés. (14 000 hab.)

La seconde ville est *Figeac*.

4° *Un département à gauche de la Garonne.*

Départ. du **GERS**.

AUCH, chef-lieu, sur le Gers. Magnifique cathédrale. (13 000 hab.)

Condom, la plus importante ville ensuite, commerce en lins et en eaux-de-vie d'Armagnac.

BASSIN DE L'ADOUR ET VERSANT NORD DES PYRÉNÉES.

Départ. des HAUTES-PYRÉNÉES.

TARBES, chef-lieu, sur l'Adour. (16 000 hab.)

Il y a dans ce département beaucoup de sources minérales renommées : celles de *Bagnères-de-Bigorre*, *Baréges*, *Saint Sauveur*, *Cauterets*, etc.

Départ. des BASSES-PYRÉNÉES.

PAU, chef-lieu. Château où est né Henri IV. (25 000 hab.)

La plus importante ville du département est *Bayonne*, sur l'Adour, près de son embouchure. Port très-commerçant et célèbre place forte. (26 000 hab.)

On remarque dans ce département le célèbre établissement thermal des *Eaux-Bonnes*.

Départ. des LANDES.

MONT-DE-MARSAN, chef-lieu, sur la Midouze. Commerce de vins, d'eau-de-vie, de liége et de résine. (6000 hab.)

Dax, sur l'Adour, est la ville la plus importante; elle commerce en bois de pin et en résine, et a des eaux thermales.

VERSANT DE LA MÉDITERRANÉE.

—

BASSINS DU TET, DE L'AUDE ET DE L'HÉRAULT.

Départ. des PYRÉNÉES-ORIENTALES.

PERPIGNAN, chef-lieu, à peu de distance de la Méditerranée, sur le Tet. Place forte. Commerce de vins. (25 000 h.)

La seconde ville est *Céret*, près de laquelle est l'établissement thermal l'*Amélie-les-Bains*.

Départ. de l'**AUDE**.

CARCASSONNE, chef-lieu, sur l'Aude. (22 000 hab.)
On remarque aussi *Castelnaudary* (10 000 hab.), sur le canal du Midi, et *Narbonne*, ville très-ancienne, près de la Méditerranée, à laquelle elle communique par un canal. Belle cathédrale. Commerce de miel renommé. (17 000 hab.)

Départ. de l'**HÉRAULT**.

MONTPELLIER, chef-lieu. Belle place du Peyrou. Célèbre école de médecine et beau jardin botanique. Fabriques d'étoffes de laine, de siamoises et de vert-de-gris. Commerce de vins et d'eaux-de-vie. (55 000 hab.)
On remarque aussi l'importante ville de *Béziers*, sur le canal du Midi (28 000 hab.); — *Lodève*, qui a des fabriques de draps (11 000 hab.); — *Cette*, port très-important, sur une langue de terre qui sépare l'étang de Thau de la Méditerranée; commerce d'eaux-de-vie, de vins, de liqueurs, etc. (21 000 hab.); — *Agde*, port sur l'Hérault (10 000 hab.).

BASSIN DU RHÔNE.

1° *Quatre départements sur la rive droite du Rhône.*

Départ. de l'**AIN**.

BOURG, chef-lieu. Belle église de Brou. (14 000 hab.
La seconde ville est *Belley*, près du Rhône.

Départ. du **RHONE**.

LYON, chef-lieu, au confluent du Rhône et de la Saône. Seconde ville de France (325 000 hab.). On y remarque l'hôtel de ville, le palais Saint-Pierre, le palais du Commerce, la cathédrale Saint-Jean, la place Bellecour, la place des Terreaux, le parc de la Tête-d'Or, etc. Nombreuses fabriques de belles soieries. Commerce très-considérable.

Les autres villes importantes du département sont *Ville-
nche-sur-Saône* (13 000 hab.) et *Tarare*, célèbre par ses
riques de mousselines (15 000 hab.).

Départ. de l'**ARDÈCHE**.

PRIVAS, chef-lieu. Commerce de cuirs. (7000 hab.)
La ville la plus considérable du département est *Annonay*,
des papeteries, des mégisseries, des filatures de soie. Les
res Montgolfier y ont inventé les ballons. (18 000 hab.)

Départ. du **GARD**.

NIMES, chef-lieu, près du Gard. Il y a plusieurs monuments antiques, dont les plus remarquables sont l'Amphi-
tre (ou les Arènes), la Maison-Carrée, le temple de
ane et la tour Magne. Manufactures de soieries. (60 000 h.)
— Dans le voisinage, est le magnifique pont du Gard, aque-
uc romain.
Les plus importantes villes sont ensuite : *Alais*, qui a des
briques de rubans de soie, des forges importantes, des
mines de charbon de terre (20 000 hab.), et *Beaucaire*, sur
e Rhône, avec des foires célèbres (13 000 hab.).

2° *Six départements sur la rive gauche du Rhône.*

Départ. de la **HAUTE-SAVOIE**.

ANNECY, chef-lieu, sur le lac de même nom. (12 000 hab.)
La seconde ville est *Thonon*, sur le lac de Genève.

Départ. de la **SAVOIE**.

CHAMBÉRY, chef-lieu. (18 000 hab.)
Aix-les-Bains, près du lac du Bourget, a des eaux miné-
les célèbres.

Départ. de l'**ISÈRE**.

GRENOBLE, chef-lieu, sur l'Isère. Place forte. Ganterie
renommée. (40 000 hab.)
La seconde ville est *Vienne*, sur le Rhône. Fabriques de
draps. Mines de plomb argentifère. (20 000 hab.)

Départ. de la **DROME**.

VALENCE, chef-lieu, sur le Rhône. (20 000 hab.)

La seconde ville est *Montélimar*, commerçante en so[ie]
(11 000 hab.)

Départ. de **VAUCLUSE**.

AVIGNON, chef-lieu, sur le Rhône. Cette ville a été lon[g]-
temps la résidence des Papes. On y remarque surtout le[ur]
ancien palais. Commerce de vins, de soieries, d'huiles, [de]
parfums et de garance. (36 000 hab.)

On remarque aussi :

Carpentras, ancienne capitale du comtat Venaissin. (11 00[0]
habitants.)

Orange, ancienne capitale d'une principauté de mêm[e]
nom, et curieuse par ses monuments romains. (11 000 hab.)

Départ. des **BOUCHES-DU-RHONE**.

MARSEILLE, chef-lieu, sur le golfe du Lion; notre premier port de commerce. C'est la troisième ville de Franc[e]
par sa population, qui est de 300 000 hab. Fabriques d[e]
savon renommé. Grand commerce d'huile, de blé et de toute[s]
les marchandises du monde.

Les plus grandes villes ensuite sont : *Aix*, dont l'huil[e]
d'olive est très-estimée et qui a des eaux minérales. (28 000
habit.)

Arles, sur le Rhône, avec d'anciens monuments for[t]
curieux. (26 000 hab.)

Tarascon, sur le Rhône. Chapellerie. (12 000 hab.)

*3° Cinq départements à droite du Rhône, dans le bassin
de la Saône, à l'ouest du mont Jura.*

Départ. du **JURA**.

LONS-LE-SAUNIER, chef-lieu. Salines. (10 000 hab.)

La plus grande ville du départ. est *Dôle*, sur le Doubs.
(12 000 hab.)

On remarque aussi *Saint-Claude*, qui a des fabriques renommées de toutes sortes d'ouvrages de bois, de cornes,
d'écaille et d'ivoire; — *Salins*, qui a d'importantes salines.

Marseille.

Départ. du **DOUBS**.

BESANÇON, chef-lieu, place forte, sur le Doubs. Commerce d'horlogerie. (47 000 hab.)

La ville la plus importante ensuite est *Montbéliard*, sur le canal du Rhône au Rhin.

Départ. de la **HAUTE-SAONE**.

VESOUL, chef-lieu. (8000 hab.)

La seconde ville est *Gray*, sur la Saône, commerçante en grains et en fer.

Départ. de la **COTE-D'OR**.

DIJON (39 000 hab.), chef-lieu, sur l'Ouche, affluent de la Saône, et sur le canal de Bourgogne. Belle ville. Cathédrale remarquable.

La ville importante ensuite est *Beaune*. Excellents vins. (11 000 hab.)

Départ. de **SAONE-ET-LOIRE**.

MACON, chef-lieu, sur la Saône. Vins renommés. Patrie de Lamartine. (18 000 hab.)

. Les autres villes importantes du département sont : *Chalon-sur-Saône*, à la jonction du canal du Centre et de la Saône. (20 000 hab.)

Autun, ville intéressante par ses antiquités. (12 000 hab.)

Le Creusot, avec des mines de charbon de terre, des forges célèbres et un grand établissement pour la construction des machines à vapeur. (25 000 hab.)

Cluny, célèbre par son ancienne abbaye, qui est aujourd'hui occupée par l'École normale de l'enseignement secondaire spécial.

4° Deux départements à gauche du Rhône, dans le bassin de la Durance, sur le versant O. des Alpes.

Départ. des **HAUTES-ALPES**.

GAP, chef-lieu. (8000 hab.)

On remarque dans la vallée de la Durance deux célèbres places fortes : *Briançon* et *Embrun*.

Départ. des **BASSES-ALPES.**

DIGNE, chef-lieu. (7000 hab.)
La plus importante ville ensuite est *Manosque*, commerçante en fruits et en soie.

BASSINS DE L'ARGENS ET DU VAR, ET VERSANT S. O. DES ALPES.

Départ. du **VAR** (qui n'est plus arrosé par la rivière à laquelle il doit son nom).

DRAGUIGNAN, chef-lieu, à peu de distance de l'Argens. (10 000 hab.)
La plus grande ville est *Toulon*, place forte et beau port militaire, sur la Méditerranée. (77 000 hab.)
On remarque aussi *Hyères*, près de la Méditerranée, intéressante par son climat très-doux. (11 000 hab.)

Départ. des **ALPES-MARITIMES.**

NICE, chef-lieu, sur la Méditerranée. Climat très-doux, délicieuse situation. (50 000 hab.)

Nice.

La plus grande ville ensuite est *Grasse*, renommée par ses parfums, ses fruits et ses huiles. (12 000 hab.)

Plusieurs autres lieux remarquables par la douceur du climat : *Cannes, Menton,* etc.

La principauté de *Monaco* est enclavée dans ce département.

ILE DE CORSE.

Départ. de la CORSE.

Cette île est plus voisine de l'Italie que de la France, et se trouve très-près au N. de l'île de Sardaigne, dont les Bouches de Bonifacio la séparent.

AJACCIO, chef-lieu, sur la côte occidentale, a un beau port. C'est le lieu de naissance de Napoléon Ier. (15 000 hab.)

La plus grande ville du département est *Bastia*, place forte et port, sur la côte orientale. (22 000 hab.)

XXIII

GOUVERNEMENT GÉNÉRAL DE L'ALGÉRIE.

(Sur la côte nord de l'Afrique, avec une population de (3 000 000 d'habitants.)

Départ. d'ALGER.

ALGER, chef-lieu du département, et capitale de l'Algérie. Port célèbre. (65 000 hab.)

La plus grande ville ensuite est *Blidah*, à côté de bois d'orangers et de citronniers. (12 000 hab.)

Départ. de CONSTANTINE.

CONSTANTINE, chef-lieu, sur le Rummel. (45 000 hab.)

Autres villes importantes : *Bône* (anciennement Hippone), port de mer. (12 000 hab.)

Philippeville, autre port, sur le golfe de Stora. (14 000 hab.)

Départ. d'ORAN.

ORAN, chef-lieu, sur la Méditerranée. (35 000 hab.)
La seconde ville est *Tlemcen* (20 000 hab.); et la troisième,
Mostaganem, port de mer (10 000 hab.).

XXIV

COLONIES

—

I. — EN AFRIQUE.

Gouvernement du Sénégal (160 000 hab.).

Saint-Louis, chef-lieu du gouvernement, port et place
forte, à l'embouchure du Sénégal. (15 000 hab.)
Ile de Gorée, près du cap Vert.

Établissements de la côte de Guinée.

Le principal de ces établissements est *Gabon*, sur un
fleuve de même nom.

Mayotte et dépendances, et Sainte-Marie (27 000 h.).

Ile de Mayotte, une des Comores.
Nossi-Bé, sur la côte N. O. de Madagascar.
Ile Sainte-Marie, près de la côte orientale de Madagascar.

Ile de la Réunion (autrefois Bourbon) (210 000 hab.).

Saint-Denis, chef-lieu, sur la côte nord de l'île.
(20 000 hab.)

II. — EN ASIE.

Dans l'HINDOUSTAN (227 000 hab.).

Pondichéry, grande et belle ville, chef lieu des établissements français de l'Hindoustan sur la côte de Coromandel (partie de la côte orientale de l'Hindoustan). (50 000
habitants.)

Karikal, sur la même côte. (10 000 hab.)

Mahé, sur la côte de Malabar (partie de la côte occidentale de l'Hindoustan). (5000 hab.)

Chandernagor, dans le Bengale (province du N. E. de l'Hindoustan), sur un bras du Gange. (30 000 hab.)

Dans l'INDO-CHINE (environ 1 000 000 d'hab.) :

La ***Basse-Cochinchine***, sur la côte S. E. de l'Indo-Chine, dans les bassins du Don-naï et du Mè-kong. Capitale, *Saï-gon*, avec un bon port, sur la rivière de même nom, affluent du Don-naï.

III. — EN AMÉRIQUE.

Gouvernement de la Guadeloupe (132 000 hab.).

Les deux *îles de la Guadeloupe* (la *Grande-Terre* et la *Basse-Terre*), chef-lieu *la Basse-Terre ;* autre ville, *la Pointe-à-Pître*, peuplée de 12 000 hab.
Ile de Marie-Galante.
Ile de la Désirade.
Iles des Saintes.
La moitié de l'*île Saint-Martin.*

Gouvernement de la Martinique (136 000 hab.),

Ile de la Martinique. Chef-lieu, *le Fort de France*, port de la côte occidentale. (10 000 hab.)
Saint-Pierre, port de la même côte. (20 000 hab.)

Guyane française (20 000 hab.).

Cayenne, chef-lieu, sur une île de même nom.

Iles Saint-Pierre et Miquelon (près et au sud de Terre-Neuve). (3000 hab.)

Chef-lieu : *Saint-Pierre.*

Saint-Pierre, à la Martinique.

IV. — DANS L'OCÉANIE.

Archipel de la Nouvelle-Calédonie. (60 000 hab.)

Ile de la Nouvelle-Calédonie proprement dite, ou île
Balade. — Sur la côte O., est *Nouméa* ou *Port-de-France*,
chef-lieu des possessions françaises de l'archipel.
Ile des Pins.
Iles Loyalty (*Ouvéa, Lifou* et *Maré*).

Iles Marquises ou *Mendaña* (10 000 hab.) :

Ile Nouka-Hiva, etc.

Iles Tahiti (sous le protectorat de la France). (14 000 hab.)
Chef-lieu *Papeete.*

Iles Touamotou et *Gambier* ou *Mangaréva* (sous le protectorat de la France). (8000 hab.)

GÉOGRAPHIE COMMERCIALE DE LA FRANCE

XXV

INDUSTRIE ET COMMERCE.

CLIMAT, ZONES DE CULTURE ET DE PRODUCTIONS.

Le S. E. de la France est la région la plus chaude; l'E. a
des étés plus chauds que l'O., mais aussi des hivers plus
froids et plus secs. Ainsi, des points de la Franche-Comté à la
même latitude qu'Angers et Nantes ont une température
moyenne d'*hiver* de 5° centigrades au-dessous de celle de
ces deux villes, mais aussi une température d'*été* supérieure
d'un même nombre de degrés.

La température plus égale et plus humide de nos régions
du N. O. et de l'O. est surtout l'effet des vents d'O. et de
S. O., les plus fréquents de la France et qui viennent de

l'océan Atlantique ; elle est une conséquence aussi du *courant du Golfe* (*Gulf-stream*), qui, sorti du golfe du Mexique et conservant beaucoup de chaleur, se répand sur toutes les côtes occidentales de l'Europe.

La température moyenne de la France, pour les points placés à peu près au niveau de la mer, est de + 12° centigrades [1].

Celle de Paris et de + 10°,80.

Il y a quatre végétaux, la vigne, le maïs, l'olivier et l'oranger, qui sont soumis à des conditions de climat bien tranchées, car leurs fruits cessent de mûrir au delà d'une latitude particulière, et ils ont fait partager la France en cinq zones distinctes.

La vigne, celle de ces quatre plantes qui s'avance le plus au nord, ne réussit cependant pas dans toute une zone baignée par la Manche, le Pas de Calais et la mer du Nord ; la ligne qui limite au sud les pays privés de vin s'étend à peu près depuis l'endroit où la Meuse quitte la France jusqu'au golfe du Morbihan. — La seconde zone produit du vin, mais n'a pas encore de maïs cultivé en grand ; elle a pour limite méridionale une ligne assez irrégulière tirée depuis les Vosges jusqu'à l'embouchure de la Charente. — La troisième zone, où le maïs croît en même temps que la vigne, mais où l'olivier ne se montre pas encore, est bornée au sud par une ligne qui va du cours moyen du Var au cours inférieur de l'Isère et de là au cours supérieur de l'Aude. — La quatrième, propre à la fois à l'olivier, au maïs et à la vigne, mais où l'on ne trouve pas encore d'orangers, est limitée au sud par le golfe du Lion et par une ligne tirée de la partie orientale de ce golfe au cours inférieur du Var. — La cinquième zone, enfin, où mûrissent, tout ensemble, le raisin, le maïs, les olives et les oranges, comprend la région qui borde la Méditerranée à l'est du golfe du Lion.

Plantes alimentaires. — Les principales céréales de la France sont le blé ou froment, le seigle, l'avoine, l'orge, le maïs, le sarrasin ou blé noir.

1. Ce signe + signifie au-dessus de zéro. Pour indiquer une température au-dessous de zéro, on se sert de celui-ci : —

La plus précieuse de toutes ces plantes est le blé. Parmi les régions qui en produisent le plus, on peut citer la Brie et la Beauce, deux pays de plaines situés à peu de distance de Paris, et qui fournissent à cette ville une immense quantité de grain.

Le seigle est la céréale des pays pauvres, parce qu'il vient très-bien dans les lieux où le froment ne peut réussir. Il en est de même du sarrasin (blé noir).

La culture du maïs a lieu particulièrement au midi et à l'est.

La betterave à sucre est surtout cultivée dans les départements du Nord et du Pas-de-Calais.

La culture de la pomme de terre est fort répandue dans toute la France.

Les pommiers et les poiriers abondent particulièrement dans les départements formés de la Normandie, de la Picardie et de la Bretagne; les pruniers, dans les départements d'Indre-et-Loire, du Var et de Lot-et-Garonne; les châtaigniers, dans la Marche, le Limousin, l'Auvergne et les Cévennes; les cerisiers partout; les orangers, dans la Provence et le Comté de Nice.

Plantes textiles. — Le lin le plus estimé est celui des départements du nord. Cette plante réussit aussi dans les départements formés de la Picardie, de la Normandie, de la Lorraine, de l'Anjou, du Maine, de la Bretagne, du Languedoc et de la Guienne.

Le chanvre est cultivé dans beaucoup de départements.

Les mûriers, qui sont particulièrement utiles pour la nourriture des vers à soie, se trouvent dans le bassin de la Méditerranée.

Bois de construction et de chauffage. — Les parties les plus riches en bois sont les Ardennes, les Vosges, le Jura, la Côte d'Or, les Cévennes, le Nivernais, l'Orléanais, le Berri, les Landes, les Pyrénées, les Alpes, le Var.

Le chêne, le hêtre, le charme, le frêne, le bouleau, le tremble, l'aune, l'orme, l'érable, le peuplier, le châtaignier, sont les arbres les plus communs des forêts de la France.

Les sapins forment de belles forêts sur le Jura, les Vosges, les Cévennes, les Alpes.

Les pins abondent dans les Pyrénées, les Landes, les Cévennes, etc.

Les mélèzes sont communs dans les Alpes, et les merisiers dans les forêts des Vosges.

Le chêne-liége, dont l'écorce est le liége, se rencontre dans la Gascogne et la Provence.

Les *plantes tinctoriales* les plus intéressantes sont : la garance, cultivée particulièrement dans le département de Vaucluse; — le safran, dans les départements du Loiret, de Vaucluse, et vers la Charente; — le pastel ou guède, dans le Tarn et le Calvados; — le tournesol des teinturiers, dans le département du Gard.

Plantes oléagineuses. — L'olivier donne sa meilleure huile dans les départements des Bouches-du-Rhône, du Var, des Alpes-Maritimes; on en trouve aussi dans ceux de Vaucluse, de la Drôme, du Gard et de l'Hérault. — Le colza et la navette abondent surtout dans la région du Nord. — Le noyer, assez commun dans toute la France, mais surtout dans la région du Centre, n'est pas précieux seulement par son fruit, il l'est aussi par son bois, très-recherché dans la menuiserie. — Le hêtre fournit l'huile de faîne. — Le pavot donne l'huile d'œillette, et on le cultive en grand dans les départements du Nord, du Pas-de-Calais, de la Somme.

Tabac. — La culture du *tabac* n'est permise que dans un certain nombre de départements : le Nord, le Pas-de-Calais, Ille-et-Vilaine, etc.

Vin, bière, cidre. — La vigne, une des grandes richesses de la France, est cultivée surtout à l'E. et au S. — Les meilleurs vins sont ceux des départements de la Marne (vins de Champagne), de la Côte-d'Or, de l'Yonne et de Saône-et-Loire (vins de Bourgogne), du Jura, du Rhône, de la Loire, de l'Isère, de l'Ardèche, de la Drôme, de Vaucluse, du Gard, de l'Hérault, de l'Aude, des Pyrénées-Orientales, de la

Gironde (vins de Bordeaux), de la Dordogne, du Lot, d'Indre-et-Loire, du Loiret et de la Nièvre. — Ceux de la Charente, de la Charente-Inférieure, de la Vienne, du Gers, de l'Hérault, des Basses-Pyrénées, servent à faire les meilleures eaux-de-vie.

Le houblon, qui entre, avec l'orge, dans la composition de la bière, est particulièrement cultivé vers la Somme, l'Escaut et le Rhin.

Les pommes de la Normandie, de la Bretagne et de la Picardie donnent le cidre le plus renommé.

PRODUCTIONS ANIMALES.

La région des abondants herbages, propres à nourrir les plus précieux animaux domestiques, domine surtout dans le N. O. de la France, c'est-à-dire dans cette partie du pays qui reçoit la température humide, mais assez douce, de l'Océan.

Les chevaux les plus estimés sont ceux des départements formés de la Normandie, de la Picardie, de la Flandre, du Perche, du Limousin, de la Bretagne, et ceux des Pyrénées, des Ardennes.

Les meilleurs bœufs sont élevés dans les départements du Calvados et de la Manche, les montagnes des Vosges et du Jura, les départements de Saône-et-Loire, de la Nièvre, de la Creuse ; les montagnes de l'Auvergne, de la Guienne, du Languedoc et du Limousin ; les départements de Maine-et-Loire, de la Loire-Inférieure, de la Mayenne, de la Sarthe, de la Vienne ; les pays arrosés par la Garonne ; la Camargue.

Dans la moitié méridionale de la France, on se sert généralement des bœufs pour labourer le sol ; — dans le Nord, on emploie les chevaux.

On élève des mulets et des ânes estimés dans les départements des Deux-Sèvres, de la Vienne et de l'Aveyron.

Les porcs sont élevés en grand nombre dans les départements formés de la Champagne, de la Lorraine, de la Bourgogne, du Lyonnais, et dans celui des Basses-Pyrénées.

Les plus beaux moutons se trouvent dans les départements

du Nord, de la Somme, des Ardennes, du Jura, de l'Ain, du Cher, de l'Indre, dans les montagnes d'Auvergne, dans les Pyrénées, dans les Alpes, dans l'Aveyron, dans les départements formés du Languedoc et de la Provence, dans la Normandie, dans l'Ile-de-France et la Bourgogne.

Les oiseaux domestiques les plus utiles sont le coq et la poule, qui donnent lieu à un grand commerce dans les départements formés de la Normandie et du Maine, et dans ceux de la Charente et de l'Ain. — Viennent ensuite les oies, les canards et les dindons.

Les abeilles donnent un miel renommé dans les départements de l'Aude et du Loiret.

Le ver à soie prospère surtout dans le S. E.

PRODUCTIONS MINÉRALES.

Le granit abonde dans les principales chaînes de montagnes, surtout dans les Alpes, les Pyrénées, les Vosges, les Ardennes, les Cévennes et les montagnes de la Bretagne.

Les plus beaux marbres sont ceux des Pyrénées et des Alpes.

Les ardoises sont exploitées principalement dans les Ardennes et dans le département de Maine-et-Loire.

Le kaolin ou la terre à porcelaine se trouve particulièrement dans les montagnes du Limousin.

Il y a de riches salines dans l'E. de la France, et l'on tire aussi une grande quantité de sel des marais salants des côtes de l'Ouest et du Midi.

Il y a dans les montagnes d'Auvergne beaucoup de masses de basalte, qui ont été produites par d'anciens volcans, et qui sont employées pour les constructions.

On n'exploite plus de mines d'or en France; mais plusieurs rivières qui descendent des Alpes, des Cévennes et des Pyrénées roulent des paillettes de ce métal.

L'argent et le plomb se trouvent ensemble dans le Finisterre, le Puy-de-Dôme, la Lozère, l'Isère, la Savoie et l'Ariége.

Les principales mines de cuivre sont dans le département du Rhône.

Le fer est abondant, surtout dans les Ardennes, les Vosges, la Côte-d'Or, le Jura, le département de la Nièvre, le département du Cher, les montagnes du Limousin, les Cévennes, les Alpes et les Pyrénées.

Il y a de grands bancs de charbon de terre dans plusieurs régions de la France; les principaux bassins houillers sont: 1° vers l'Escaut; 2° entre la Loire et la Saône, vers le canal du Centre; 3° entre la Loire et le Rhône; 4° vers le Cher; 5° dans les montagnes de l'Auvergne; 6° vers le Gard; 7° entre le Lot et l'Aveyron; 8° dans l'Anjou et le Maine.

On trouve d'importantes mines d'asphalte près de l'extrémité méridionale du mont Jura.

La tourbe abonde vers la Somme et l'Escaut.

GRANDS CENTRES D'INDUSTRIE ET DE COMMERCE.

Versant de la mer du Nord.—BASSIN DU RHIN.—Nous avons perdu les grandes villes industrielles et commerçantes de *Mulhouse* (coton), de *Strasbourg* et de *Metz*.

Nous avons, dans le bassin particulier de la Moselle, *Nancy* (broderies, tapisseries, etc.), et *Lunéville* (faïences).

BASSIN DE LA MEUSE. — *Sedan* (draps); — *Charleville,* attenante à Mézières (clouterie).

BASSIN DE L'ESCAUT.—Grande industrie des tissus (de lin surtout) à *Lille, Roubaix, Tourcoing, Armentières, Cambrai, Valenciennes, Douai, Arras.* — Armements pour la pêche et construction de navires, à *Dunkerque.*

Versant de la Manche. — BASSIN DE LA SOMME ET VOISINAGE. — *Saint-Quentin, Amiens* et *Abbeville* (tissus de fil et de coton, tapis, moquettes). — *Boulogne* et *Calais* (plumes métalliques, tulles, armements pour la pêche, construction de navires).

BASSIN DE LA SEINE. — *Paris,* foyer d'une industrie immense et très-variée (les *articles de Paris* sont principalement la mercerie, la lingerie, la passementerie, les modes, les bronzes, les plaqués, la bijouterie, l'orfévrerie, l'horlogerie, l'ébénisterie, la tabletterie, la librairie, les instruments de musique, de chirurgie, de physique, de mathématiques, d'optique, la quincaillerie, la carrosserie).

Troyes (toiles); — *Rouen* (industrie cotonnière); — *le Havre* (construction et armements de navires); — *Dieppe* (armements pour la pêche, ivoirerie); — *Elbeuf, Louviers* et *Reims* (draps); — *Langres* et plusieurs autres lieux de la Haute-Marne (fers); — *Épernay, Reims* et autres lieux du département de la Marne (vins); — *Chartres* (blés de la Beauce, chevaux du Perche).

BASSINS DE L'ORNE, DE LA VIRE ET LA RANCE. — *Lisieux, Caen, Bayeux, Laigle, Flers* et autres villes des départements du Calvados et de l'Orne (toiles, dentelles, articles de mercerie); — *Cherbourg* (construction de navires et armements); — *Saint-Malo* (armements pour la pêche et construction de navires).

Versant de l'Atlantique proprement dit et de la mer de France. — BASSINS DE L'AULNE, DU BLAVET ET DE LA VILAINE. — *Brest* et *Lorient* (armements, construction de navires); — *Rennes* (toiles, bestiaux, beurres).

BASSIN DE LA LOIRE. — *Saint-Étienne* (houille, fers, soieries); — *Nevers, Bourges* et *Vierzon* (fers); — *le Creusot* (fonderies, fabriques de machines, houille); — *Orléans* (tissus de laine et de coton, fruits, vins, vinaigres); — *Tours* et *Angers* (blés, vins, fruits, ardoises); — *Limoges* (lainages, porcelaine); — *Thiers* et *Châtellerault* (coutellerie); — *Laval, le Mans* et *Mayenne* (toiles); — *Alençon* et *le Puy* (dentelles); — *Nantes* et *Saint-Nazaire* (construction de navires et armements).

BASSIN DE LA CHARENTE. — *Angoulême* (papiers et lainages); — *Cognac* et *Saintes* (eaux-de-vie); — *Rochefort* et *la Rochelle* (construction de navires et armements; eaux-de-vie).

BASSIN DE LA GARONNE. — *Toulouse* (articles en métaux : limes, faux, instruments aratoires, etc.) ; — *Montauban* (coton et soie) ; — *Agen* (minoterie) ; — *Bordeaux* (vins, construction de navires, armements); — *Castres* et *Mazamet* (draps) ; — *Villefranche d'Aveyron* et plusieurs lieux voisins (houille et forges).

BASSIN DE L'ADOUR. — Principaux objets du commerce et de l'industrie : marbres et autres minéraux des Pyrénées, bois et résines des pins des Landes, liége; mais pas de grandes villes industrielles. — *Bayonne* a des chantiers de construction et des armements.

Versant de la Méditerranée. — BASSINS DU TET, DE L'AUDE ET DE L'HÉRAULT. — *Perpignan* (vins) ; — *Narbonne* (miel); — *Carcassonne*, *Lodève* et beaucoup d'autres villes voisines (draps) ; — *Béziers*, *Montpellier*, *Cette* et autres villes de l'Hérault (vins, eaux-de-vie et liqueurs).

BASSIN DU RHÔNE. — *Lyon*, siége d'une très-importante industrie et d'un vaste commerce (surtout soieries) ; — *Marseille* (huiles, savons, etc.); — *Valence*, *Avignon* et *Nîmes* (soie); — *Alais* et *Rive-de-Gier* (soie et houille); — *Grenoble* (ganterie) ; — *Annonay* (mégisserie, soie, papier); — *Tarare* (mousselines); — *Besançon* et plusieurs autres villes de la Franche-Comté (horlogerie); — *Mâcon*, *Chalon-sur-Saône*, *Beaune* et *Dijon* (vins) ; — *Aix* (huiles).

BASSINS DE L'ARGENS ET DU VAR. — *Toulon*, *Grasse*, *Nice* (huiles, savons, parfums).

VOIES DE COMMERCE ENTRE LA FRANCE ET LES CINQ PARTIES DU MONDE.

Avec les pays qu'elle touche par terre (la Belgique, l'Allemagne, la Suisse, l'Italie et l'Espagne), la France communique par les chemins de fer qui ont été décrits page 96 : c'est-à-dire les chemins du Nord (vers Lille, Valenciennes, etc.), de l'Est (vers Nancy, Belfort, etc.), de Paris à

Lyon (avec les rameaux qui s'en séparent dans les directions de Besançon, de Genève, de Chambéry, de Nice), et le réseau du Midi (vers Perpignan et Bayonne).

Par la navigation de l'Escaut, de la Meuse, de la Moselle, et par les canaux de la Marne au Rhin et du Rhône au Rhin, elle communique encore avec la Belgique et l'Allemagne.

Elle commerce avec l'Angleterre, avec les Pays-Bas, les côtes nord de l'Allemagne, le Danemark, la Scandinavie et le nord de la Russie, par la navigation de la mer du Nord, du Pas de Calais et de la Manche, c'est-à-dire par les ports de *Dunkerque*, de *Calais*, de *Boulogne*, de *Dieppe*, du *Havre*, de *Caen*, de *Cherbourg*, de *Saint-Malo*.

Elle a des relations avec l'Amérique, l'O. de l'Espagne, le Portugal, les côtes occidentales et orientales de l'Afrique, l'Asie méridionale et orientale, et l'Océanie, par *le Havre* et par les ports de l'Atlantique proprement dit et de la mer de France : *Brest, Lorient, Nantes, Saint-Nazaire, la Rochelle, Rochefort, Bordeaux, Libourne, Bayonne*.

Les ports de la Méditerranée, *Marseille, Cette, Toulon, Nice, Bastia, Ajaccio*, ont surtout des relations avec les pays du midi de l'Europe (l'Espagne, l'Italie, les côtes de l'Adriatique, la Grèce, la Turquie), les côtes de la mer Noire, les côtes nord de l'Afrique, toutes les côtes qui entourent les parties les plus orientales de la Méditerranée et qu'on appelle les *pays du Levant*. Par le canal de Suez, ils communiquent aussi avec l'Asie méridionale et orientale, l'Afrique orientale et l'Océanie.

TABLEAU DES NEUF MINISTÈRES

chargés de l'administration générale du pays, sous la direction de l'Assemblée nationale et du Président de la république.

Ministère de la justice.
Ministère des affaires étrangères.
Ministère des finances.
Ministère de l'intérieur.
Ministère de la guerre.
Ministère de la marine et des colonies.
Ministère de l'instruction publique et des cultes.
Ministère de l'agriculture et du commerce.
Ministère des travaux publics.

TABLEAU DES 22 DIVISIONS MILITAIRES.

DIVISIONS MILITAIRES	DÉPARTEMENTS COMPRIS DANS LES DIVISIONS.
1re Paris.........	Seine. — Seine-et-Oise. — Oise. — Seine-et-Marne. — Aube. — Yonne. — Loiret. — Eure-et-Loir.
2e Rouen........	Seine-Inférieure. — Eure. — Calvados. — Orne.
3e Lille.........	Nord. — Pas-de-Calais. — Somme.
4e *	Marne. — Aisne. — Ardennes.
5e *	Meuse. — Meurthe-et-Moselle. — Vosges.
6e **	....
7e Besançon......	Doubs. — Jura. — Haute-Marne. — Haute-Saône.
8e Lyon.........	Rhône. — Loire. — Saône-et-Loire. — Ain. — Drôme. — Ardèche. — Côte-d'Or.
9e Marseille.....	Bouches-du-Rhône. — Var. — Basses-Alpes. — Vaucluse. — Alpes-Maritimes.
10e Montpellier....	Hérault. — Aveyron. — Lozère. — Gard.
11e Perpignan.....	Pyrénées-Orientales. — Ariége. — Aude.
12e Toulouse......	Haute-Garonne. — Tarn-et-Garonne. — Lot. — Tarn.
13e Bayonne......	Basses-Pyrénées. — Landes. — Gers. — Hautes-Pyrénées.
14e Bordeaux......	Gironde. — Charente-Inférieure. — Dordogne. — Lot-et-Garonne.
15e Nantes.......	Loire-Inférieure. — Maine-et-Loire. — Deux-Sèvres. Vendée.
16e Rennes.......	Ille-et-Vilaine. — Morbihan. — Finisterre. — Côtes-du-Nord. — Manche. — Mayenne.
17e Bastia.......	Corse.
18e Tours........	Indre-et-Loire. — Sarthe. — Loir-et-Cher. — Vienne.
19e Bourges......	Cher. — Nièvre. — Allier. — Indre.
20e Clermont-Ferrand.	Puy-de-Dôme. — Haute-Loire. — Cantal.
21e Limoges......	Haute-Vienne. — Creuse. — Corrèze. — Charente.
22e Grenoble.....	Isère. — Hautes-Alpes. — Savoie. — Haute-Savoie.

* Le commandement de ces deux divisions ne sera organisé qu'après le départ des troupes prussiennes.

** La 6e division avait pour chef-lieu Strasbourg : son numéro reste provisoirement; les divisions suivantes ne changent pas de numéro.

TABLEAU DES 26 COURS D'APPEL

ET DE LEURS RESSORTS.

COURS D'APPEL.	DÉPARTEMENTS DU RESSORT.	COURS D'APPEL.	DÉPARTEMENTS DU RESSORT.
Agen. . . .	Gers. Lot. Lot-et-Garonne.	Nancy. . . .	Ardennes. Meurthe-et-Moselle. Meuse. Vosges.
Aix.	Alpes (Basses-). Alpes-Maritimes. Bouches-du-Rhône. Var.	Nîmes. . . .	Ardèche. Gard. Lozère. Vaucluse.
Amiens. . .	Aisne. Oise. Somme.	Orléans. . .	Indre-et-Loire. Loiret. Loir-et-Cher.
Angers. . .	Maine-et-Loire. Mayenne. Sarthe.		Aube. Eure-et-Loir. Marne.
Bastia. . . .	Corse.	Paris. . . .	Seine. Seine-et-Marne. Seine-et-Oise. Yonne.
Besançon. .	Doubs. Jura. Saône (Haute-).	Pau.	Landes. Pyrénées (Basses-). Pyrénées (Hautes-).
Bordeaux. .	Charente. Dordogne. Gironde.	Poitiers. . .	Charente-Inférieure. Sèvres (Deux-). Vendée. Vienne.
Bourges. . .	Cher. Indre. Nièvre.	Rennes . . .	Côtes-du-Nord. Finisterre. Ille-et-Vilaine. Loire-Inférieure. Morbihan.
Caen.	Calvados. Manche. Orne.	Riom.	Allier. Cantal. Loire (Haute-). Puy-de-Dôme.
Chambéry. .	Savoie. Haute-Savoie.	Rouen. . . .	Eure. Seine-Inférieure.
Dijon. . . .	Côte-d'Or. Marne (Haute-). Saône-et-Loire.	Toulouse. . .	Ariége. Garonne (Haute-). Tarn. Tarn-et-Garonne.
Douai. . . .	Nord. Pas-de-Calais.		
Grenoble. . .	Alpes (Hautes-). Drôme. Isère.		
Limoges. . .	Corrèze. Creuse. Vienne (Haute-).		
Lyon	Ain. Loire. Rhône.		
Montpellier. .	Aude. Aveyron. Hérault. Pyrénées-Orientales.		

Alger est le siége d'une cour d'appel pour les trois départements de l'Algérie.

TABLEAU DES 17 ARCHEVÊCHÉS ET DES 69 ÉVÊCHÉS

ARCHEVÊCHÉS.	EVÊCHÉS SUFFRAGANTS.
Aix.	Gap, Digne, Marseille, Fréjus, Ajaccio.
Albi	Mende, Rodez, Cahors, Perpignan.
Auch.	Tarbes, Aire, Bayonne.
Avignon.	Valence, Viviers, Nîmes, Montpellier.
Besançon.	Verdun, Metz, Nancy, Strasbourg, Saint-Dié, Belley.
Bordeaux.	Luçon, Poitiers, la Rochelle, Angoulême, Périgueux, Agen.
Bourges.	Limoges, Clermont-Ferrand, Tulle, Saint-Flour, le Puy.
Cambrai.	Arras.
Chambéry.	Annecy, Moutiers-de-Tarantaise, Saint-Jean de Maurienne.
Lyon.	Langres, Dijon, Autun, Saint-Claude, Grenoble.
Paris.	Meaux, Versailles, Chartres, Orléans, Blois.
Reims.	Amiens, Beauvais, Soissons, Châlons-sur-Marne.
Rennes.	Vannes, Saint-Brieuc, Quimper.
Rouen.	Evreux, Bayeux, Coutances, Séez.
Sens.	Troyes, Nevers, Moulins.
Toulouse.	Montauban, Carcassonne, Pamiers.
Tours	Le Mans, Laval, Nantes, Angers.
	Nice est suffragant de Gênes, en Italie.
	Alger est le siége d'un archevêché, ayant pour suffragants les évêchés de Constantine et d'Oran.

TABLEAU DES 16 ACADÉMIES UNIVERSITAIRES.

SIÉGES DES ACADÉMIES.	DÉPARTEMENTS COMPRIS DANS LES ACADÉMIES.
Aix.	Basses-Alpes, Alpes-Maritimes, Bouches-du-Rhône, Corse, Var, Vaucluse.
Besançon	Doubs, Jura, Haute-Saône.
Bordeaux	Dordogne, Gironde, Landes, Lot-et-Garonne, Basses-Pyrénées.
Caen.	Calvados, Eure, Manche, Orne, Sarthe, Seine-Inférieure.
Chambéry.	Savoie, Haute-Savoie.
Clermont.	Allier, Cantal, Corrèze, Creuse, Haute-Loire, Puy-de-Dôme.
Dijon.	Aube, Côte-d'Or, Haute-Marne, Nièvre, Yonne.
Douai.	Aisne, Ardennes, Nord, Pas-de-Calais, Somme.
Grenoble.	Hautes-Alpes, Ardèche, Drôme, Isère.
Lyon.	Ain, Loire, Rhône, Saône-et-Loire.
Montpellier	Aude, Gard, Hérault, Lozère, Pyrénées-Orientales.
Nancy.	Meurthe-et-Moselle, Meuse, Vosges.
Paris.	Cher, Eure-et-Loir, Loir-et-Cher, Loiret, Marne, Oise, Seine, Seine-et-Marne, Seine-et-Oise.
Poitiers	Charente, Charente-Inférieure, Indre, Indre-et-Loire, Deux-Sèvres, Vendée, Vienne, Haute-Vienne.
Rennes	Côtes-du-Nord, Finisterre, Ille-et-Vilaine, Loire-Inférieure, Maine-et-Loire, Mayenne, Morbihan.
Toulouse.	Ariége, Aveyron, Haute-Garonne, Gers, Lot, Hautes-Pyrénées, Tarn, Tarn-et-Garonne.
	Alger est le siége d'une académie qui embrasse l'Algérie.

TABLEAU DES 89 DÉPARTEMENTS

ET DES 374 ARRONDISSEMENTS

(y compris l'Algérie).

———

(Les chefs-lieux de département sont en italique.)

DÉPARTEMENTS.	ARRONDISSEMENTS.
Aïn	*Bourg*, Belley, Gex, Nantua, Trévoux.
Aisne	*Laon*, Château-Thierry, Saint-Quentin, Soissons, Vervins.
Allier	*Moulins*, Gannat, la Palisse, Montluçon.
Alpes (Basses-)	*Digne*, Barcelonnette, Castellane, Forcalquier, Sisteron.
Alpes (Hautes-)	*Gap*, Briançon, Embrun.
Alpes-Maritimes	*Nice*, Grasse, Puget-Théniers.
Ardèche	*Privas*, Largentière, Tournon.
Ardennes	*Mézières*, Rethel, Rocroy, Sedan, Vouziers.
Ariége	*Foix*, Pamiers, Saint-Girons.
Aube	*Troyes*, Arcis-sur-Aube, Bar-sur-Aube, Bar-sur-Seine, Nogent-sur-Seine.
Aude	*Carcassonne*, Castelnaudary, Limoux, Narbonne.
Aveyron	*Rodes*, Espalion, Milhau, Saint-Affrique, Villefranche.
Bouches-du-Rhône	*Marseille*, Aix, Arles.
Calvados	*Caen*, Bayeux, Falaise, Lisieux, Pont-l'Évêque, Vire.
Cantal	*Aurillac*, Mauriac, Murat, Saint-Flour.
Charente	*Angoulême*, Barbezieux, Cognac, Confolens, Ruffec.
Charente-Inféa	*La Rochelle*, Jonzac, Marennes, Rochefort, Saintes, Saint-Jean d'Angély.
Cher	*Bourges*, Saint-Amand, Sancerre.
Corrèze	*Tulle*, Brive, Ussel.
Corse	*Ajaccio*, Bastia, Calvi, Corté, Sartène.
Côte-d'Or	*Dijon*, Beaune, Châtillon-sur-Seine, Semur.
Côtes-du-Nord	*Saint-Brieuc*, Dinan, Guingamp, Lannion, Loudéac.
Creuse	*Guéret*, Aubusson, Bourganeuf, Boussac.
Dordogne	*Périgueux*, Bergerac, Nontron, Ribérac, Sarlat.
Doubs	*Besançon*, Baume-les-Dames, Montbéliard, Pontarlier.
Drôme	*Valence*, Die, Montélimar, Nyons.
Eure	*Évreux*, les Andélys, Bernay, Louviers, Pont-Audemer.
Eure-et-Loir	*Chartres*, Châteaudun, Dreux, Nogent-le-Rotrou.
Finisterre	*Quimper*, Brest, Châteaulin, Morlaix, Quimperlé.
Gard	*Nîmes*, Alais, Uzès, le Vigan.
Garonne (Haute-)	*Toulouse*, Muret, Saint-Gaudens, Villefranche.
Gers	*Auch*, Condom, Lectoure, Lombez, Mirande.
Gironde	*Bordeaux*, Bazas, Blaye, la Réole, Lesparre, Libourne.
Hérault	*Montpellier*, Béziers, Lodève, Saint-Pons.
Ille-et-Vilaine	*Rennes*, Fougères, Montfort, Redon, Saint-Malo, Vitré.
Indre	*Châteauroux*, le Blanc, Issoudun, la Châtre.
Indre-et-Loire	*Tours*, Chinon, Loches.
Isère	*Grenoble*, la Tour-du-Pin, Saint-Marcellin, Vienne.
Jura	*Lons-le-Saunier*, Dôle, Poligny, St-Claude.
Landes	*Mont-de-Marsan*, Dax, Saint-Sever.
Loir-et-Cher	*Blois*, Romorantin, Vendôme.
Loire	*Saint-Étienne*, Montbrison, Roanne.
Loire (Haute-)	*Le Puy*, Brioude, Issengeaux.
Loire-Inférieure	*Nantes*, Ancenis, Châteaubriant, Paimbœuf, Saint-Nazaire.
Loiret	*Orléans*, Gien, Montargis, Pithiviers.

DÉPARTEMENTS.	ARRONDISSEMENTS.
LOT.	*Cahors*, Figeac, Gourdon.
LOT-ET-GARONNE.	*Agen*, Marmande, Nérac, Villeneuve-sur-Lot.
LOZÈRE.	*Mende*, Florac, Marvéjols.
MAINE-ET-LOIRE.	*Angers*, Baugé, Cholet, Saumur, Segré
MANCHE.	*Saint-Lô*, Avranches, Cherbourg, Coutances, Mortain, Valognes.
MARNE	*Châlons*, Épernay, Reims, Sainte-Menehould, Vitry-le-François.
MARNE (HAUTE-).	*Chaumont*, Langres, Vassy.
MAYENNE.	*Laval*, Château-Gontier, Mayenne.
MEURTHE-ET-MOSELLE	*Nancy*, Lunéville, Toul, Briey.
MEUSE.	*Bar-le-Duc*, Commercy, Montmédy, Verdun.
MORBIHAN.	*Vannes*, Lorient, Ploërmel, Pontivy.
NIÈVRE.	*Nevers*, Château-Chinon, Clamecy, Cosne.
NORD	*Lille*, Avesnes, Cambrai, Douai, Dunkerque, Hazebrouck, Valenciennes.
OISE.	*Beauvais*, Clermont, Compiègne, Senlis.
ORNE.	*Alençon*, Argentan, Domfront, Mortagne.
PAS-DE-CALAIS.	*Arras*, Béthune, Boulogne, Montreuil, Saint-Omer, St-Pol.
PUY-DE-DÔME.	*Clermont-Ferrand*, Ambert, Issoire, Riom, Thiers.
PYRÉNÉES (BASSES-)	*Pau*, Bayonne, Mauléon, Oloron-Sainte-Marie, Orthes.
PYRÉNÉES (HAUTES-)	*Tarbes*, Argelès, Bagnères.
PYRÉNÉES-ORIENT^{es}.	*Perpignan*, Céret, Prades.
RHÔNE.	*Lyon*, Villefranche.
SAÔNE (HAUTE-).	*Vesoul*, Gray, Lure.
SAÔNE-ET-LOIRE.	*Mâcon*, Autun, Chalon, Charolles, Louhans.
SARTHE.	*Le Mans*, la Flèche, Mamers, Saint-Calais.
SAVOIE.	*Chambéry*, Albertville, Moutiers, St-Jean de Maurienne.
SAVOIE (HAUTE-).	*Annecy*, Bonneville, Saint-Julien, Thonon.
SEINE	*Paris*, Saint-Denis, Sceaux.
SEINE-ET-MARNE.	*Melun*, Coulommiers, Fontainebleau, Meaux, Provins.
SEINE-ET-OISE.	*Versailles*, Corbeil, Étampes, Mantes, Pontoise, Rambouillet.
SEINE-INFÉRIEURE.	*Rouen*, Dieppe, le Havre, Neufchâtel, Yvetot.
SÈVRES (DEUX-).	*Niort*, Bressuire, Melle, Parthenay.
SOMME.	*Amiens*, Abbeville, Doullens, Montdidier, Péronne.
TARN.	*Albi*, Castres, Gaillac, Lavaur.
TARN-ET-GARONNE.	*Montauban*, Castel-Sarrasin, Moissac.
VAR.	*Draguignan*, Brignoles, Toulon.
VAUCLUSE.	*Avignon*, Apt, Carpentras, Orange.
VENDÉE.	*La Roche-sur-Yon*, Fontenay, les Sables-d'Olonne.
VIENNE.	*Poitiers*, Châtellerault, Civray, Loudun, Montmorillon.
VIENNE (HAUTE-).	*Limoges*, Bellac, Rochechouart, Saint-Yrieix.
VOSGES	*Épinal*, Mirecourt, Neufchâteau, Remiremont, Saint-Dié.
YONNE.	*Auxerre*, Avallon, Joigny, Sens, Tonnerre.

ALGÉRIE.

ALGER.	*Alger*, Blidah, Milianah.
CONSTANTINE	*Constantine*, Bône, Guelma, Philippeville, Sétif.
ORAN.	*Oran*, Mascara, Mostaganem, Tlemcen.

ANCIENS DÉPARTEMENTS (avant le traité de 1871.)

MEURTHE.	*Nancy*, Château-Salins, Lunéville, Sarrebourg, Toul.
MOSELLE.	*Metz*, Briey, Sarreguemines, Thionville.
RHIN (BAS-).	*Strasbourg*, Saverne, Schelestadt, Wissembourg.
RHIN (HAUT-).	*Colmar*, Belfort, Mulhouse.

PARIS. — IMPRIMERIE DE E. MARTINET, RUE MIGNON.